JN409079

택배시장 동향 및 전망

박찬익·임종석 공저

다솜출판사

서언

서언

- 국내 택배사업은 1992년 (주)한진이 '파발마'라는 브랜드로 최초로 택배서비스가 시작한 이래 그 동안 양적인 면이나 질적인 면에서 공히 급속한 성장과 발전을 거듭하면서 2009년 10억개를 돌파한데 이어 불과 7년 만인 2016년 20억 박스를 넘어서면서 5조원을 넘어서는 거대 시장으로 발전하였다.

- 특히 국내 택배산업은 2000년대 이후 전자상거래와 TV 홈쇼핑의 급성장에 힘입어 2017년에는 국민 1인당 연간 택배이용 갯수가 약 45개에 이를 정도로 생활물류의 일등공신으로 자리매김하였으며, 또한 20대 청년층에서부터 노년층에 이르기까지 전 연령층이 종사하고 있는 고용창출산업이자 저성장 시대의 고성장 산업으로 평가되고 있다.

- 그러나 우리나라 택배산업은 관련법 미비로 인해 해마다 1억개 이상씩 증가하는 화려한 외형적 성장과는 달리 고강도의 노동환경 속에서 4만여명의 택배서비스 종사자들이 고군분투하고 있다. 그 동안 국내 택배시장은 택배사업에 대한 허가제가 폐지된 1997년 이후부터 경쟁격화로 인한 도산, 퇴출, 인수합병이 반복되는 과정 속에서 운임 하락, 영업소 붕괴, 인력 부족, 고객 불만 등으로 이어지는 악순환 구조에서 탈피하지 못하고 있다.

- 특히 국내 택배업체들은 12년간 지속된 정부의 화물자동차 증차 불허 정책으로 인해 택배차량 부족으로 극심한 어려움을 겪어 왔다. 정부는 이를 해소하기 위한 방안으로 2016년 8월, 1.5톤 미만 차량에 한해 신규허가를 허용한다는 내용의 '화물운송시장 발전방안'을 발표하였으나 앞으로 개정법 시행까지는 상당한 난항을 겪을 것으로 예상된다.

- 국내 택배산업이 그 동안의 악순환 구조에서 탈피하여 택배운임의 현실화, 종업원 만족, 서비스 질의 향상, 고객 만족, 시장 안정화로 이어지는 선순환 구조로 탈바꿈하기 위해서 정부는 현실적이고 체계적인, 그리고 민-관간 공정한 경쟁이 이루어질 수 있도록 하는 관련법 정비와 병행하여 택배업체들은 단가경쟁에서 탈피하여 대 고객서비스의 질적 향상을 위한 개선 노력이 절실한 상황이다.

- 본고는 택배 20억개 시대를 맞이하여 2000년도 이후 현재에 이르기까지 국내택배산업의 발자취를 되돌아보고 향후 국내택배산업의 전망에 대해 기술하기로 한다.

CONTENTS

택배서비스의 이해

택배서비스의 정의

택배서비스의 정의

구분	근거	내용
한국	자동차운수사업법	제16조의2 (소화물일관수송) ①대통령령이 정하는 화물자동차운송사업자로서 교통부령이 정하는 소화물을 송화인으로부터 위탁받아 수화인에게 일관하여 운송하고자 하는 자는 교통부령이 정하는 시설 및 장비를 갖추어 교통부장관의 허가를 받아야 한다[본조신설 1989·12·30]
한국	자동차운수사업법 시행규칙	제24조의2 (소화물의 범위) 동법에서의 소화물"이라 함은 개당 중량이 30kg 이하인 화물을 말한다. [본조신설 1991.9.27]
한국	택배표준약관	제2조 1항 (용어의 정의) 동법에서의 소화물"이라 함은 개당 중량이 30kg 이하인 화물을 말한다. 택배란 소형, 소량의 운송물을 고객의 주택, 사무실 또는 기타 장소에서 수탁하여 수하인이 원하는 장소까지 운송하여 인도하는 것을 말한다. [제정 약관 2001.7.11]
한국	국토부	(정의) 택배"라 함은 택배사업자의 일괄책임 하에 집화.분류.간선수송의 단계를 거쳐 전국 각지의 수화인 문전까지 배송하는 일련의 과정을 포괄하는 운송서비스를 말한다. [국토부 택배용 화물자동차 운송사업 허가 업무 처리 지침, 2014.10]

※ 최근 택배업계에서는 일반적으로 택배화물은 가로, 세로 및 높이의 합이 160cm(단, 최장 변 100cm이내)로 30kg이하인 소형화물을 의미함.

구분	근거	내용
일본	국토교통성	노선화물운송업자의 소화물 수송서비스 중 택배편 운임을 적용하는 것으로써 택배편 운임 적용범위는 중량 30kg 이하의 1건 1개의 화물을 특별한 명칭을 붙여서 상품화된 수송서비스로써 ○○便에 의해 수송하는 것을 말함[국토교통성 宅配便運賃認可基準(1983.7.27 제정)]
일본	국토교통성	일반화물운송업자의 특별적합화물운송 또는 이에 준하는 화물의 운송 및 이용운송사업의 철도화물운송, 내항해운, 화물자동차운송, 항공화물운송 중 하나 또는 이를 조합하여 이용하는 운송으로써 중량 30kg 이하의 1건 1개의 화물을 특별한 명칭을 붙여서 운송하는 것을 말함 [국토교통성 택배편 취급 갯수의 조사 및 집계방법]

택배사업과 일반운송사업의 차이점

구분	택배사업		일반운송사업
화주	C2C(개인→개인)	B2C(법인 → 개인)	B2B(법인 → 법인)
중량	30kg 이하		30kg 이상
화물의 단위	Box 단위(낱개)		Bulk 단위(lot)
집하방식	개인별 순회집하	단위화물집하	단위화물집하
수요의 분포	전국		지역집약적
수송 과정	집하 → 분류 → 간선 → 배송		집하 → 배송
수송 방식	Hub & Spoke		Point to Point
물류거점	전국적인 네트워크거점 필요		불요
분류(기)	필요		불요
재고관리	불요	불요(경우에 따라 필요)	대부분 필요
요금(운임)	설정요금	설정요금(계약요금)	시장요율
요금정산	거래시 개별정산	월말정산	월말정산
브랜드선택	편리성, 이미지	이미지, 요율	요율 및 서비스 수준

7

일본 택배사업의 준거법

- 일본의 경우 택배사업은 물론 관련 경트럭 및 오토바이를 이용한 이른바 퀵서비스에 대한 사업에 대해서 명확한 법적 준거법을 마련하여 시행하고 있음

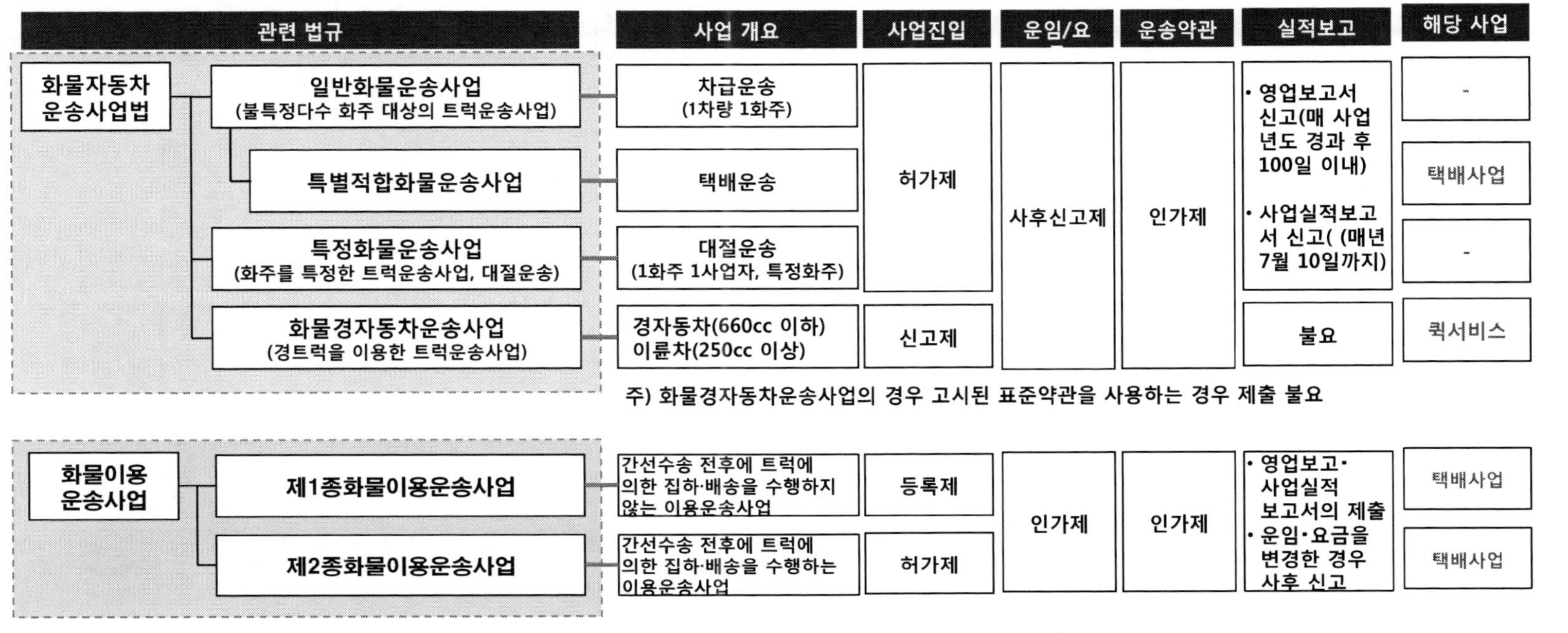

관련 법규		사업 개요	사업진입	운임/요	운송약관	실적보고	해당 사업
화물자동차 운송사업법	일반화물운송사업 (불특정다수 화주 대상의 트럭운송사업)	차급운송 (1차량 1화주)	허가제	사후신고제	인가제	• 영업보고서 신고(매 사업 년도 경과 후 100일 이내) • 사업실적보고서 신고((매년 7월 10일까지)	-
	특별적합화물운송사업	택배운송	허가제	사후신고제	인가제		택배사업
	특정화물운송사업 (화주를 특정한 트럭운송사업, 대절운송)	대절운송 (1화주 1사업자, 특정화주)	허가제	사후신고제	인가제		-
	화물경자동차운송사업 (경트럭을 이용한 트럭운송사업)	경자동차(660cc 이하) 이륜차(250cc 이상)	신고제	사후신고제	인가제	불요	퀵서비스
화물이용 운송사업	제1종화물이용운송사업	간선수송 전후에 트럭에 의한 집하·배송을 수행하지 않는 이용운송사업	등록제	인가제	인가제	• 영업보고·사업실적 보고서의 제출 • 운임·요금을 변경한 경우 사후 신고	택배사업
	제2종화물이용운송사업	간선수송 전후에 트럭에 의한 집하·배송을 수행하는 이용운송사업	허가제	인가제	인가제		택배사업

주) 화물경자동차운송사업의 경우 고시된 표준약관을 사용하는 경우 제출 불요

택배서비스 유형별 프로세스

- 택배화물의 흐름은 기본적으로 송하인 → 지점 → 터미널(간선수송) → 지점 → 수하인으로 구성
- 택배정보의 흐름은 C2C, B2C, B2B 등 방식에 따라 각 참여주체들에 대해 다양한 방향으로 전달됨.

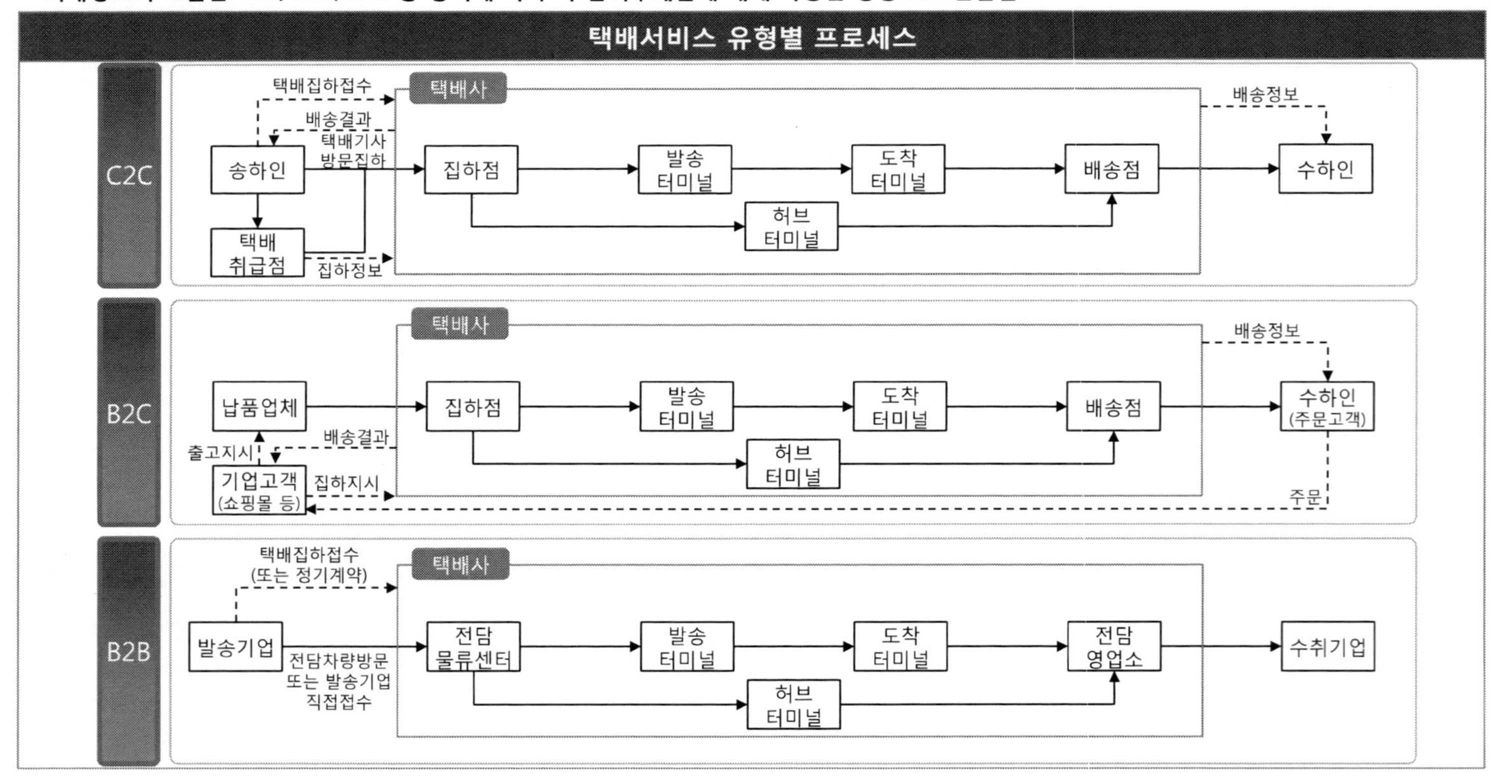

주 : 실선은 택배화물의 이동, 점선은 정보의 이동임.

개인택배(C2C) 프로세스 및 특성

- 개인택배(C2C)는 개인간의 택배화물 운송 건으로 대리점에 소속된 택배기사가 송하인을 직접 찾아가 화물을 집하하는 '현장집하' 특성을 띰.
- 송하인이 직접 택배화물을 택배 취급점(편의점 등)에 방문하여 화물 운송을 위탁하기도 함.

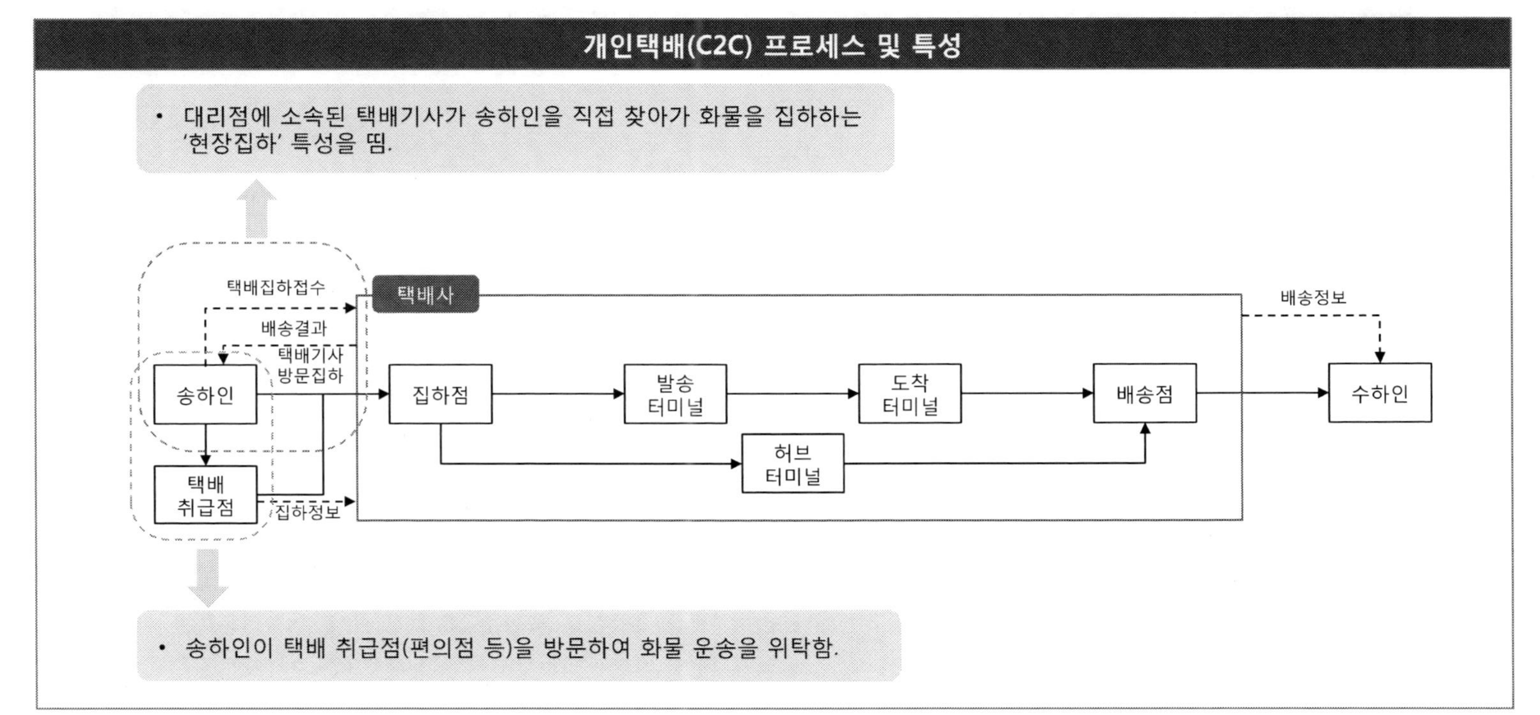

주 : 실선은 택배화물의 이동, 점선은 정보의 이동임.

B2C & B2B 거래 중 개인택배(S2C) 취급 부문

- B2C나 B2B 거래에서도 개인택배(S2C)로 취급되는 부문이 존재함.
- 택배기사가 납품업체나 발송기업에 방문집하는 '현장집하' 특성을 띄며 택배운임이 3,500원 이상인 배송 건임.

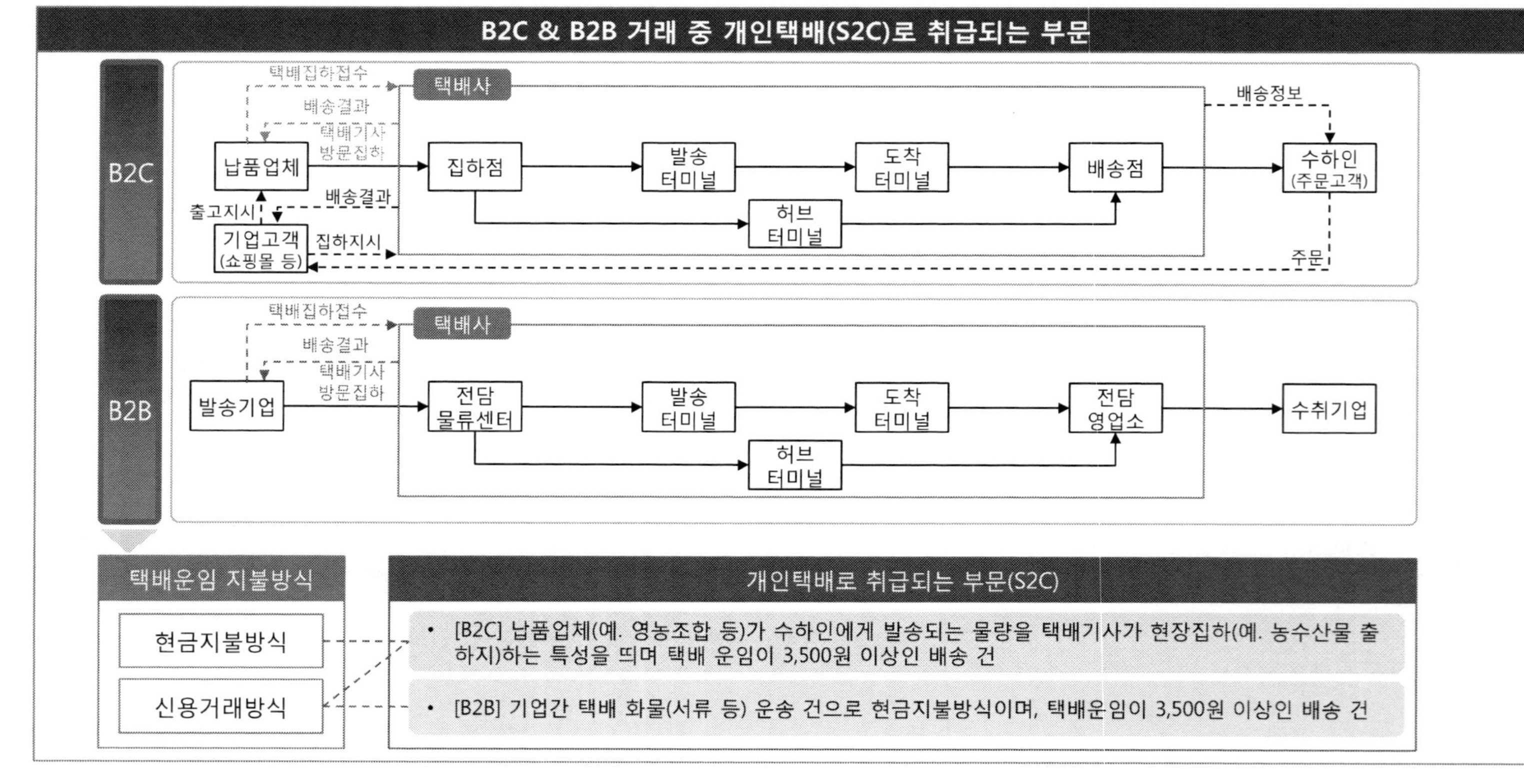

주 : 실선은 택배화물의 이동, 점선은 정보의 이동임.

택배 간선수송의 유형

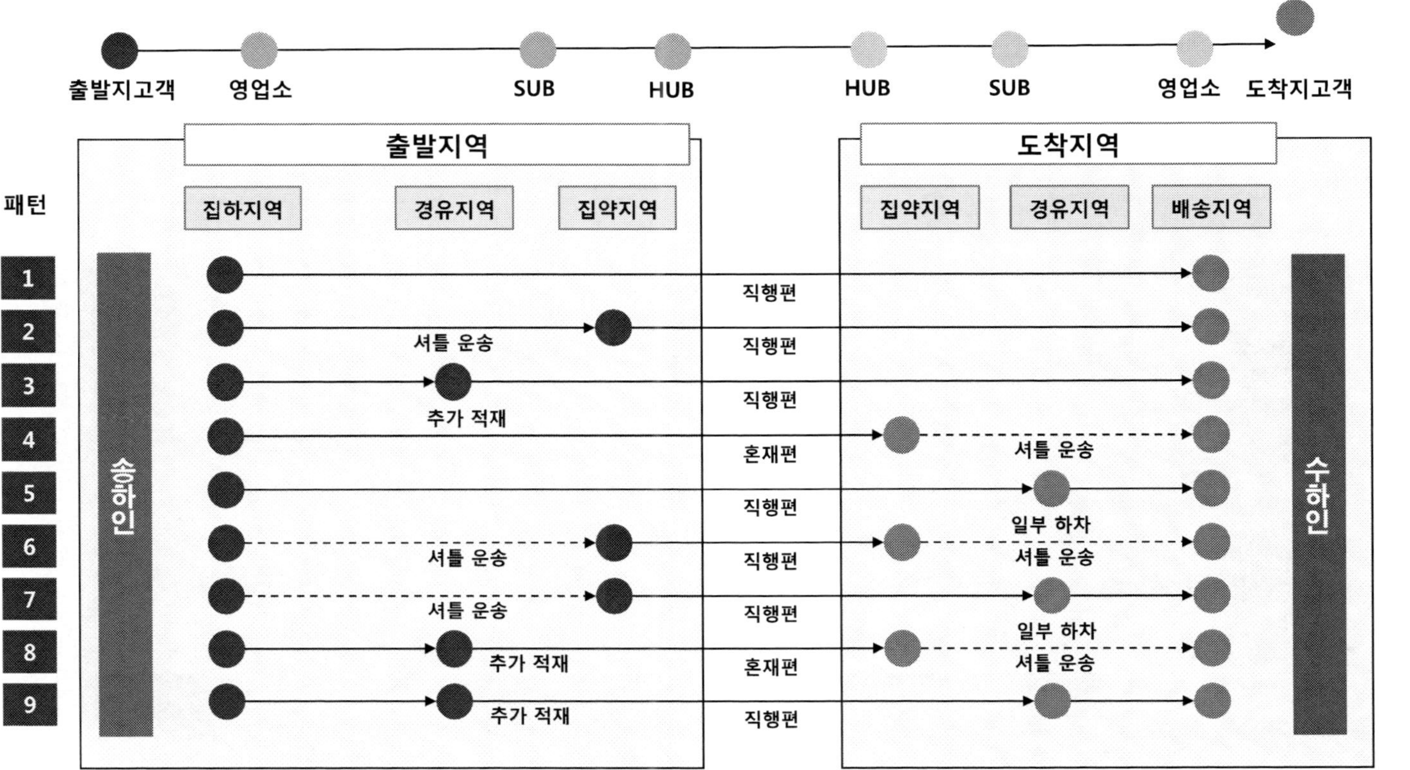
출발지고객
영업소
SUB
HUB
HUB
SUB
영업소
도착지고객
출발지역
도착지역
패턴
집하지역
경유지역
집약지역
집약지역
경유지역
배송지역
송하인
수하인
1
2
3
4
5
6
7
8
9
셔틀 운송
추가 적재
셔틀 운송
셔틀 운송
추가 적재
추가 적재
직행편
직행편
직행편
혼재편
직행편
직행편
직행편
혼재편
직행편
셔틀 운송
일부 하차
셔틀 운송
일부 하차
셔틀 운송

국내택배 주요 운영시스템

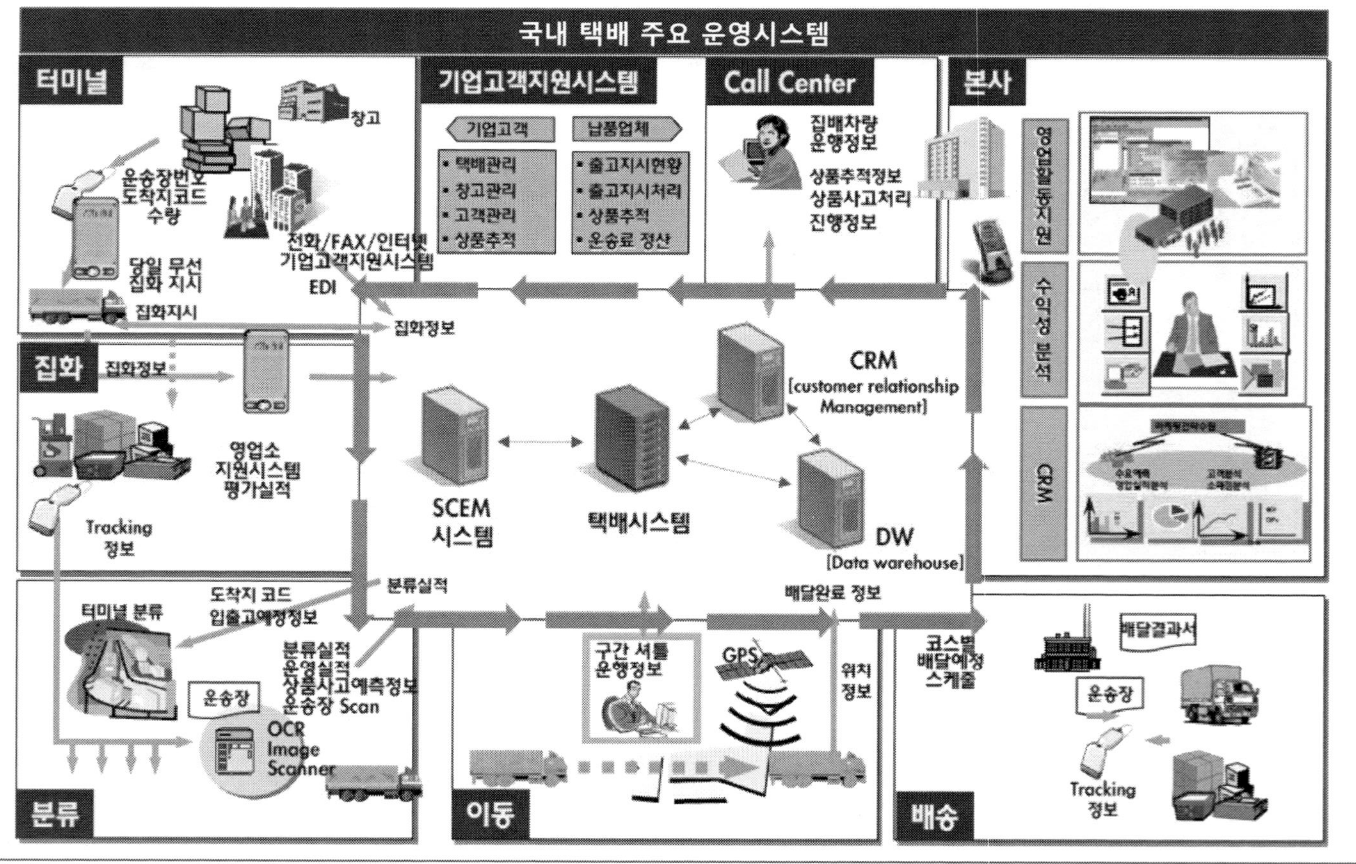

주요 택배사별 개인택배 서비스

- 한진택배의 개인택배 서비스로는 일반택배, 퀵택배, 취급점택배, 공항택배, 기숙사택배 등이 있음.
- CJ대한통운은 퍼펙트택배(고가제품, 주얼리 등 RFID 인수인계시스템 배달), 편의점택배(GS25, CU), 골프택배, 항공택배, 공항택배 등이 있으며, 롯데택배는 취급점택배(7-Eleven, MiniStop 등), 로젠택배는 쌀택배, 김치택배, 취급점택배 등의 서비스가 있음.

택배사별 택배 상품 및 주요 취급점 (각 사 홈페이지 정보 기준)

택배사	한진택배	CJ대한통운	롯데택배	LOGEN 로젠택배	KG Logis
택배 상품	• 일반택배 • 퀵택배 • 취급점택배 • 골프택배 • 공항택배 • 기숙사택배 • 플러스택배[1] • VIG택배[2] 한진택배 파발마	• 특산물택배 • 퍼펙트택배 • 대학기숙사택배 • 김장택배 • 골프택배 • 당일택배 • 항공택배 • 공항택배 • 편의점택배 • ONEMAIL	• 취급점안심택배 ※ 롯데택배의 경우 특산물택배, 의류택배는 기업택배로 분류됨.	• 쌀택배 - 20kg, 40kg • 김치택배 - 20kg, 30kg • 취급점택배	• 소화물 택배 • 특산물 택배 - 싱싱택배서비스[4] • 레저택배 : 토요일 집하마감을 일요일까지 연장, 집배송업무를 제공
주요 취급점	새마을금고 365PLUS IGA	GS25, CU With♥Me buy the way ('10년 세븐일레븐에 인수됨. '17년 상반기 영업 종료)	7-Eleven, MINI STOP, GS리테일 주택관리공단, 나들가게 LOTTE Super, Tomato24 CU SPACE, Bramsday GOOD MART, 송도마트 Good time24	• 지역별 중소형 마트, 슈퍼 등	

주 : 1) 플러스택배는 서울지역 시간지정집하 및 포장서비스였으나 '17년5월부터 서비스를 중단, 2) VIG택배는 고가제품, 주얼리 등의 귀중품택배로 홈페이지 상에서는 요금의 할증 안내에 귀중품(고가품)으로 정보 제공됨, 3) '17년 4월 KG로지스, KGB택배 인수. KGB택배의 고객맞춤특화서비스 중 하나임.
자료 : 각 사 홈페이지, 2017.5.

택배시장 성장 추이

국내 택배사업의 사업자 진입 연혁

(택배업)허가제 시기 (1991~1997)

- 한진택배('92),
- 금호특송('93),
- 대한통운('93),
- 경동택배('92),
- 건영택배('92),
- 합동택배('92),
- 대광운수('92),
- 칠공운수('92),
- 동서배송('92),
- 일송택배('92),
- 전국특송('93),
- 현대택배('94),
- 천일택배('94),
- 한서택배('95),
- 대신택배('95),
- 용마유통('95),
- 양양택배('95)

자유화 시기 (1998~2004)

성화기업택배('97), 택배나라('98), CJ GLS('99), 로젠택배('99), e택배('99), 고려택배('99), 우체국택배('99), 5세기고구려('98), 스마일택배('98), 동서일개미('99), 한신택배('99), 이트랜스택배('99), 한국택배('00), 삼성HTH('00), 아주택배('00), 오렌지택배('00), 훼미리택배('01), 이클라인택배('01), 일양택배('01), 옐로우캡택배(현, KG로지스)('02), 주코택배(우리택배), KT로지스택배('03), 네덱스('04), 벨익스프레스('05), KGB택배('05), KGB특급택배(이젠택배), 트라넷택배, 코덱스택배, 호남택배, 삼익택배, 동서물류, 미래로택배, 미래택배, 삼영택배, 스마트물류, 씨에스월드, 우리집택배, 우성택배, 월드택배, 유니온택배, 중앙택배, 코세로지스, 한일택배, 지브로택배, 바이오택배, 스피드코리아, 서현물류, 한미택배, 새한택배, 웰렉스, 매일택배, 한서택배, 바이오택배, 평화택배, 한방택배, 사가와 로지스 코리아 등 60여개 업체

(화물자동차) 허가제 시기 (2005~2017)

- 세덱스('06)
- 하나로택배('06)
- 동원로엑스('06)
- 동부택배('07)
- 동진특송('13)*
- 택배업협동조합('13)*

2018년 현재 (16개사)

국영기업	• 우체국택배
상위그룹	• CJ대한통운* • 롯데택배(구 현대택배)* • 한진택배*
중소기업	• 로젠택배* • KG로지스(구 옐로우캡)* • 일양택배* • 용마로지스* • 고려택배* • 성화기업택배* • 택배업협동조합* • 동진특송*
정기화물	• 대신택배* • 천일택배* • 경동택배* • 합동택배**

주1) *는 화물을 집화.분류.배송하는 형태의 화물자동차 운송사업자 공고 [국토해양부공고 제2013-42]에 의거하여 선정된 택배사업자(2013.1.16)

2) **는 화물을 집화.분류.배송하는 형태의 화물자동차 운송사업자 공고 [국토교통부 공고 제2014-1113호] 에 의거하여 선정된 택배사업자(2014.9.2)

국내 택배사업자의 segmentation

- 국내 택배시장은 ①일반택배시장, ②정기화물시장, ③기업택배시장으로 구분할 수 있으며 이 중 금액기준으로 일반택배 화물이 87%를 차지하고 있음

구 분	시장규모(2017년 기준)	주요 취급화물	Plyer	주요 적재수단	비고
1 일반택배	• 21억 572만개 • 4조 5,154억원 (86.6%)	• 소화물	• 한진 • CJ대한통운 • 현대택배 • 로젠택배 • KG로지스 • 우체국	• Combitainer • Rolltainer • Autosorter	• 익일배송SVC(Door to Door) • 30KG 이하 소화물, 경량물
2 정기화물	• 1억 3,537만개 • 3,988억원 (7.6%)	• 정기화물(중량물) • 택배화물(이형화물)	• 천일택배 • 대신택배 • 합동택배 • 건영택배 • 경동택배	• Pallet • Folk lift	• 중량물, 부피가 큰 화물에 대한 Door to Door SVC • 30kg 이상 화물
3 기업택배	• 7,835만개 • 3,008억원 (5.8%)	• 의약품 • 화장품 • 비자 • 서류	• 일양택배 • 용마로지스 • 고려택배 • 성화기업택배 • 동진특송	• Pallet • Special vehicle	• 취급화물에 대한 운영 특성이 존재

국내 택배시장 성장 추이

- 2017년 국내택배 물동량 : 약 23억 2천만개로 2016년 대비 13.3% 증가
- 2001~2010년 CAGR : 21.8%
- 2011~2017년 CAGR : 10.1%

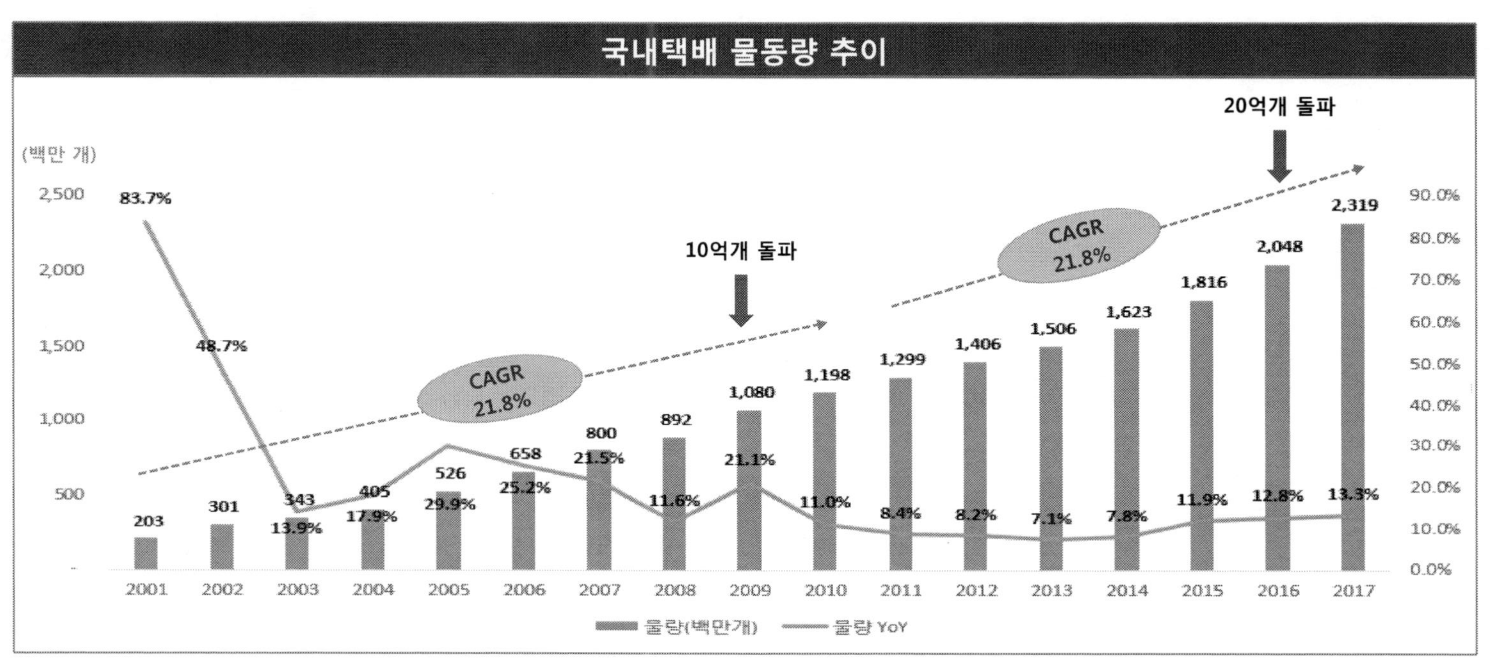

국내 택배시장 성장 추이

- 2017년 국내택배 매출액 규모 : 약 5조 2천억원으로 2016년 대비 9.7% 증가
- 2003년 1조원대 시장 규모에서 2017년 5조원대 거대 시장으로 급성장

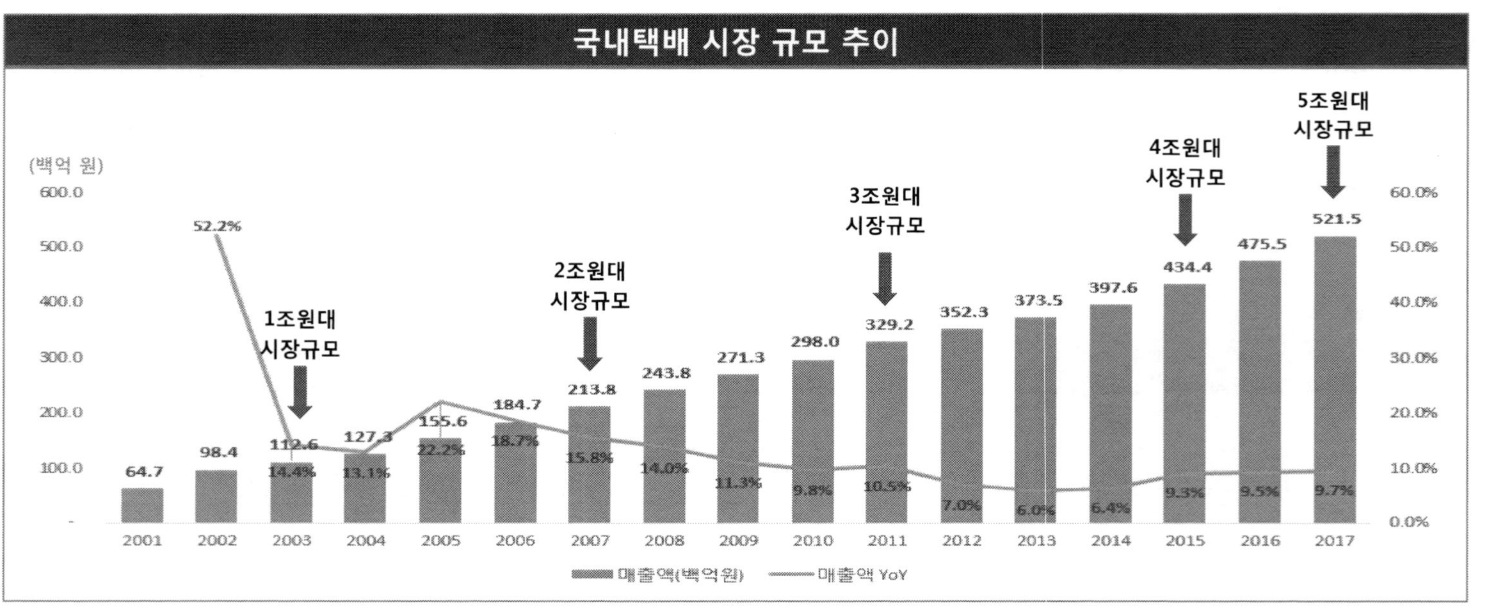

국내 택배시장 시장 점유율

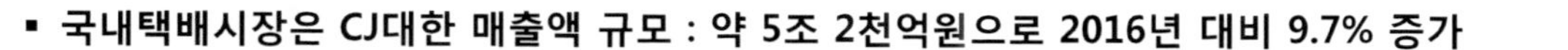

- 국내택배시장은 CJ대한 매출액 규모 : 약 5조 2천억원으로 2016년 대비 9.7% 증가
- 물량기준 시잠점유율은 CJ대한통운(45.5%) > 롯데택배(12.6%) > 한진택배(12.2%) 우체국택배(8.1%) 순임

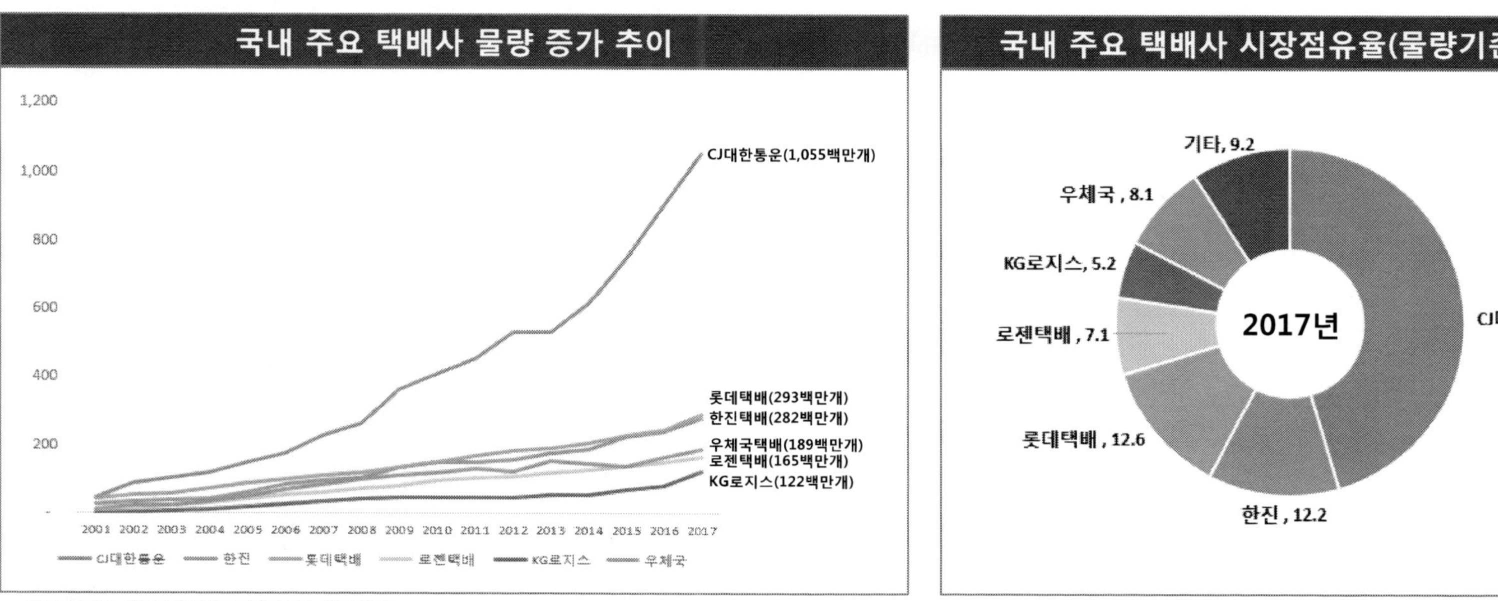

※ CJ대한통운 물량은 CJGLS와 대한통운의 합산물량임

국내택배 시장의 포지셔닝의 변화

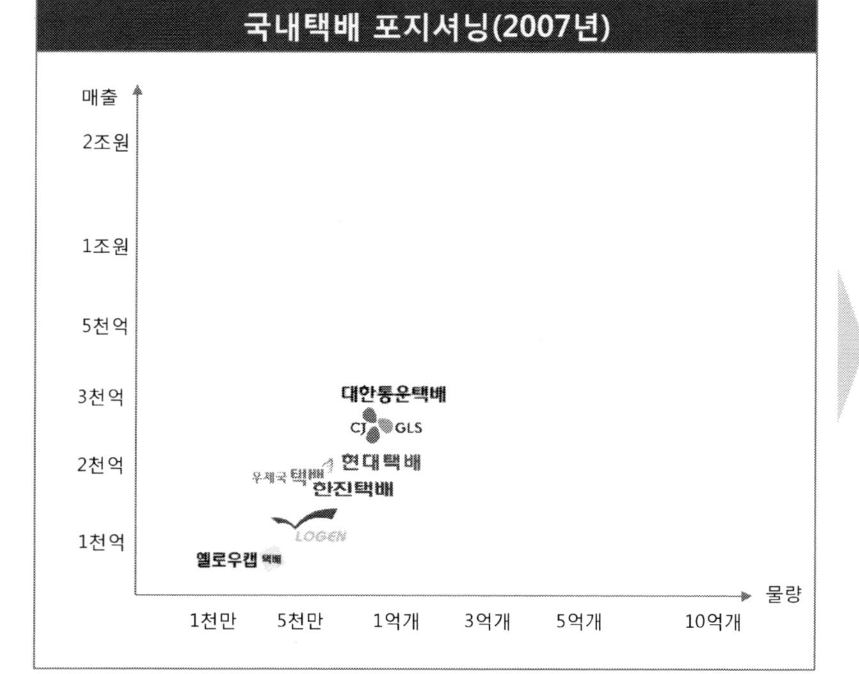

- 1위 대한통운의 물량과 매출이 1억2천만개, 3천억원 규모
- 2~5위의 업체간 물량 및 매출 격차가 매우 근소한 차이
- 상위5사의 5강 체제 형성

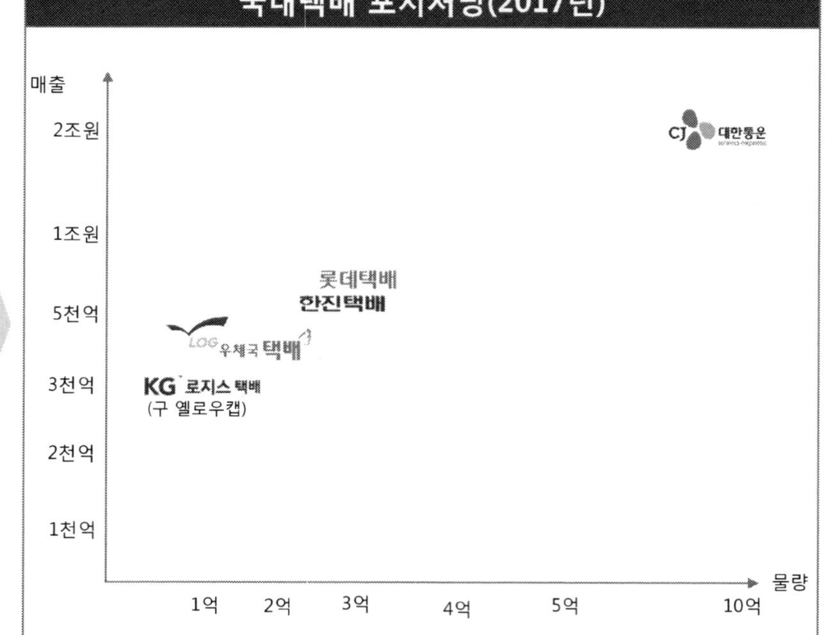

- 1위 대한통운의 물량과 매출이 10억개, 2조원 규모로 1강 체제 유지
- 2~3위(롯데, 한진)의 업체간 물량 및 매출 격차가 매우 근소한 차이
- 1강 2중으로 재편

국내택배 평균 단가 추이

- 2003년을 정점으로 택배 박스당 3000원대를 유지했던 단가가 2005년 붕괴되면서 현재까지 2000원대 기조가 유지되고 있음.
- 업체 난립과 저가 수주 등이 이어지고 과당출혈경쟁이 지속되는 치킨게임이 계속될 경우 택배사업 위기상황에 봉착
- 자칫 단가가 1000원대로 진입하는 등 최악의 상황까지 내몰리면 택배산업은 합리적인 시장기능을 상실해 치명타를 입을 수 있음

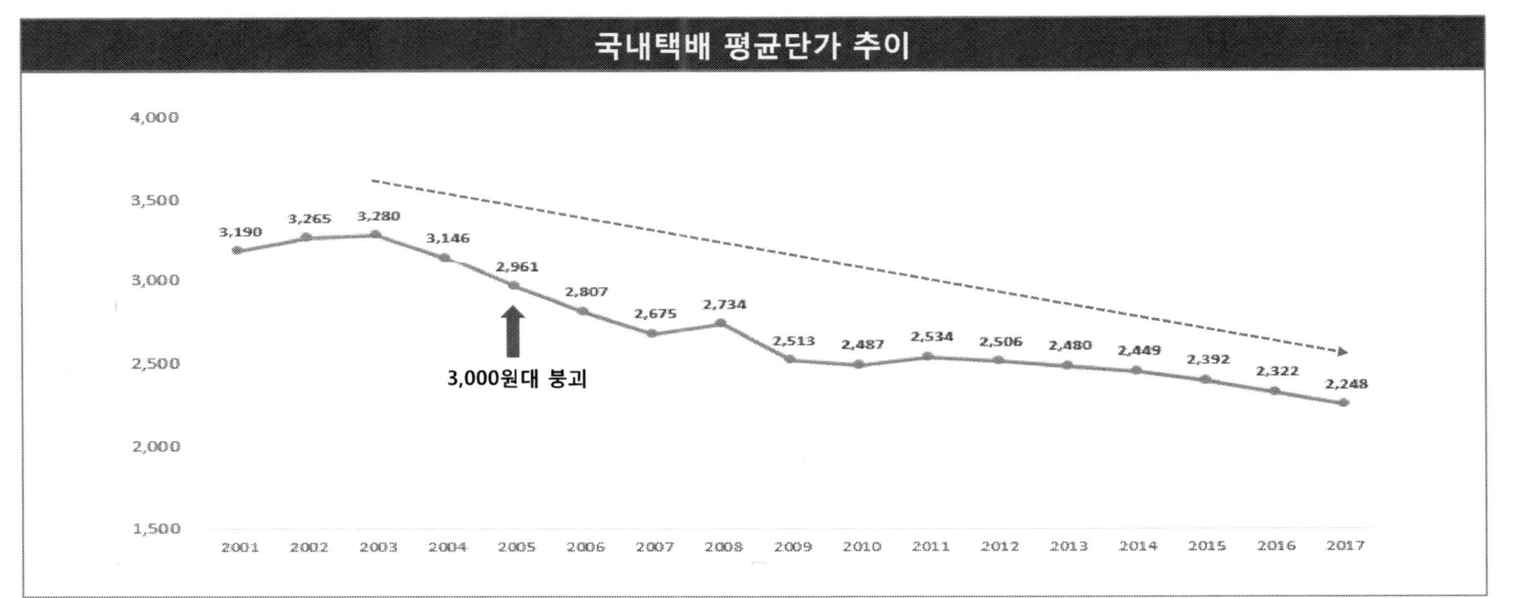

국내택배 업체별 평균 단가 추이

- 국내택배의 평균단가는 지속적인 하락세를 보이는 가운데 업계 전체 평균단가는 2,248원으로 나타남
- 2017년 택배 평균단가

☞ CJ대한통운 : 1,967원, 한진택배 : 2,161원, 롯데택배 : 2,072원

☞ 로젠택배 : 2,815원, 우체국택배 : 2,330원

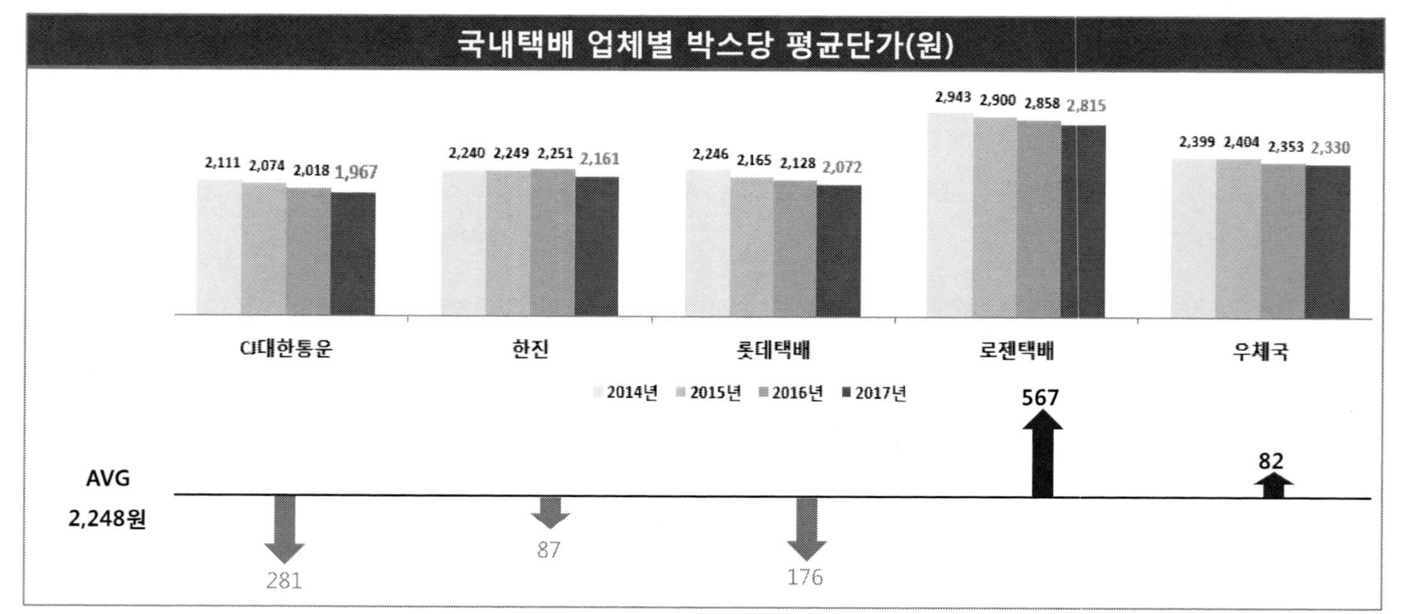

택배서비스와 운임

택배운임체계의 변화

- 택배사업 초기에는 권역별 차등 운임제에서 현재는 동일권역과 타권역으로 이원화한 운임체제로 변화되었음

H사 택배운임(1992년 기준)

구분		제주	경남	경북	전남	전북	충남	충북	강원	수도권
수도권	A형	8,800	6,200	6,100	6,100	6,000	6,100	5,900	6,000	4,500
	B형	11,500	7,200	7,000	7,000	6,800	6,800	6,700	6,800	5,000
	C형	13,000	8,500	8,200	8,300	7,900	8,000	7,700	7,900	5,800
강원	A형	8,700	6,200	6,100	6,100	6,000	6,100	5,900	4,300	
	B형	9,600	7,200	7,100	7,100	7,000	6,900	6,800	4,600	
	C형	11,400	8,500	8,300	8,300	8,000	8,000	7,700	5,100	
충북	A형	8,800	6,100	6,000	6,000	5,800	5,900	4,300		
	B형	11,500	6,900	6,700	6,800	6,600	6,600	4,600		
	C형	13,000	8,000	7,700	7,800	7,400	7,400	5,100		
충남	A형	8,800	6,100	6,000	6,100	5,900	4,400			
	B형	11,500	7,000	6,800	6,800	6,600	4,800			
	C형	13,000	8,100	7,800	7,900	7,500	5,500			
전북	A형	7,200	6,100	6,000	5,900	4,300				
	B형	8,400	7,000	6,800	6,600	4,600				
	C형	9,500	8,100	7,800	7,500	5,100				
전남	A형	7,200	6,100	6,100	4,300					
	B형	8,400	7,000	6,800	4,700					
	C형	9,500	8,100	7,900	5,200					
경북	A형	8,400	6,000	4,300						
	B형	10,800	6,800	4,800						
	C형	12,000	7,800	5,400						
경남	A형	8,000	4,500							
	B형	9,900	5,000							
	C형	11,100	5,700							
제주	A형	4,300								
	B형	4,600								
	C형	5,100								

※ 취급화물 규격

구분	실중량	세변의 합
A형	10kg 이하	120cm 이하
B형	11~20kg	121~140cm
C형	21~30kg	141~160cm

H사 익일택배운임(2015년 기준)

구분	초소형	소형	중형	대형
중량	1kg이하	10kg이하	20kg이하	30kg이하
규격(세변의합)	60cm이하	120cm이하	140cm이하	160cm이하
동일권역	5,000원	6,000원	7,000원	8,000원
타권역	6,000원	7,000원	8,000원	9,000원
제주권	8,000원	9,000원	10,000원	11,000원

- 도서 지역은 타 권역 요금 외에 @5,000원/Box 추가
- 권역구분 : 수도권, 충정권, 강원권, 영남권, 호남권, 제주권
- 중량과 규격 중 큰 쪽을 적용

25

일본 트럭운임의 규제완화

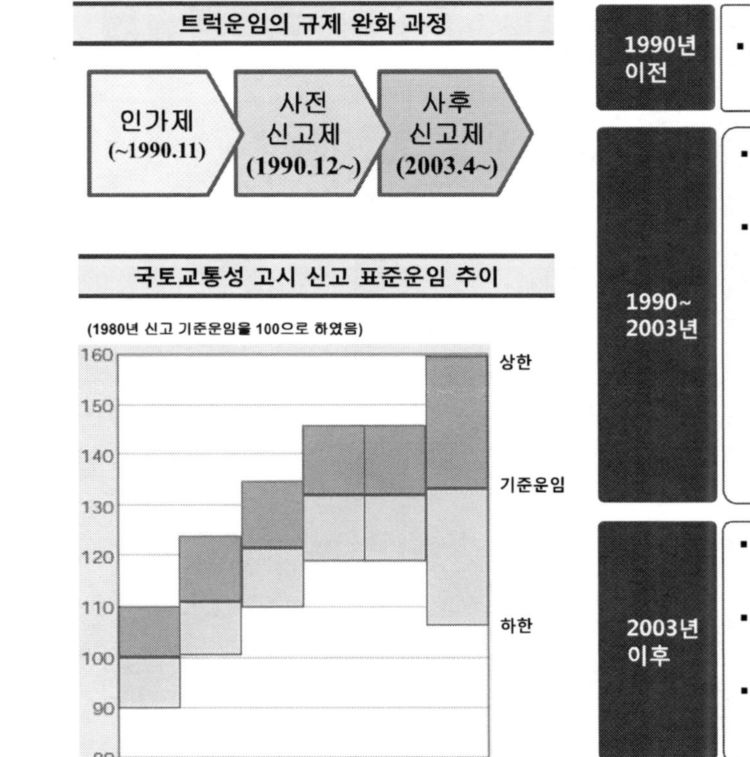

구분	내용
1990년 이전	▪ 1990년 물류2법 제정 이전까지는 당시 운수성의 「인가운임제」로써 전사적으로 일률적인 운임이 적용되었음
1990~2003년	▪ 각 사업자가 설정·변경한 운임을 적용 개시일 30일 이내에 신고하는 사전 신고운임제로 개정되었음 ▪ 그러나 규제완화 후에도 국토교통성은 1999년까지 신고운임 기준으로써 운수지국별로 「통달」 형식으로 지역별로 태리프(Tariff)를 공시하였음. * 태리프 개정 : 1980년, 1982년, 1985년, 1990년, 1994년, 1997년, 1999년 * 태리프는 기준운임을 경계로 상하 10%(1999년은 상하 20%)의 폭을 취함 * 태리프 운임 폭은 운송사가 국토교통성에 운임표를 신고할 때 원가계산서 첨부를 생략할 수 있는 범위를 나타낸 것이지만 실제 운임교섭에서도 '19○○년 태리프의 상한' '19××년 태리프의 하한'과 같이 운임수준을 나타내는 기준으로 이용되었음.
2003년 이후	▪ 2003년에는 운임의 사전신고제가 사후신고제로 개정되어 실질적으로 운임자유화가 이루어짐 ▪ 이로 인해 각 운수지국별 태리프의 공시도 폐지되었으나 태리프 자체는 현재에도 운임교섭의 척도로 이용되고 있음. ▪ 현재는 기준운임에 대해서 상하 각 30%를 초과하는 운임에 대해서 어떤 방식으로 계산하였는지를 히어링 조사한 후 이러한 사실을 국토교통성에 보고하는 체제를 취하고 있음

국내택배 택배운임체계

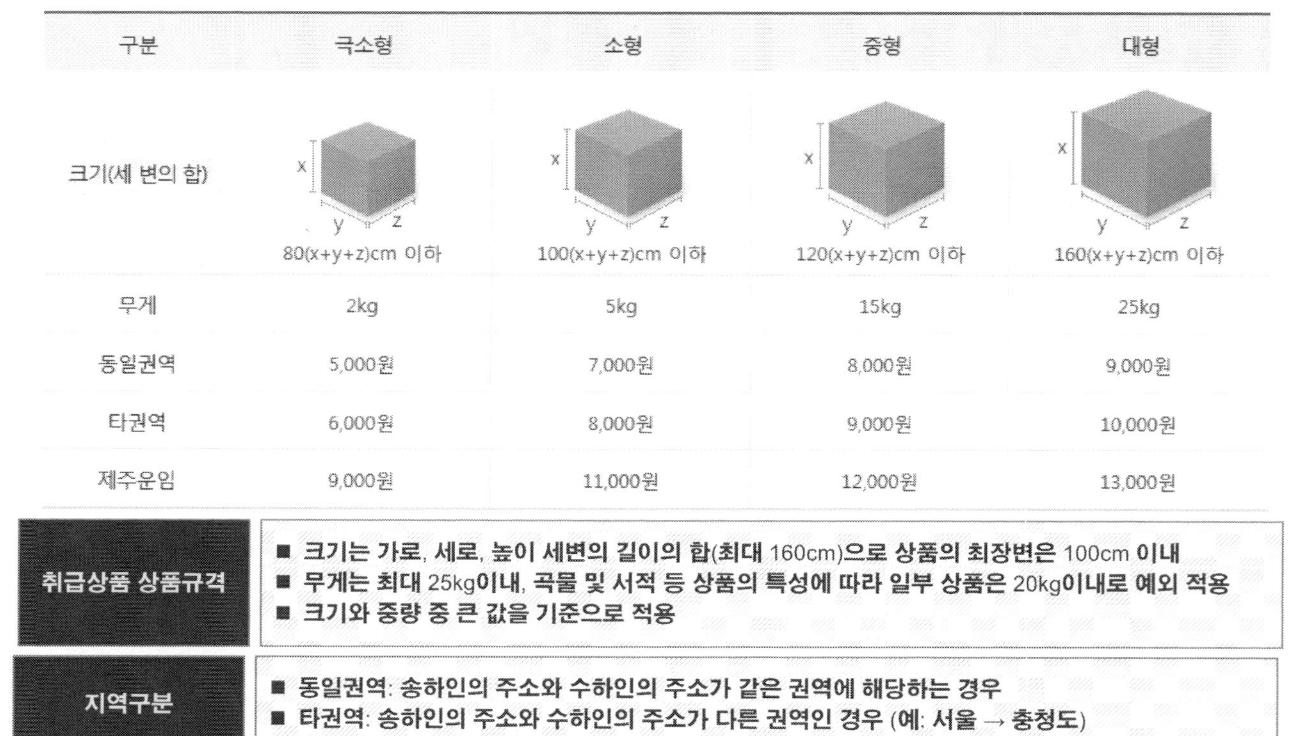

구분	극소형	소형	중형	대형
크기(세 변의 합)	80(x+y+z)cm 이하	100(x+y+z)cm 이하	120(x+y+z)cm 이하	160(x+y+z)cm 이하
무게	2kg	5kg	15kg	25kg
동일권역	5,000원	7,000원	8,000원	9,000원
타권역	6,000원	8,000원	9,000원	10,000원
제주운임	9,000원	11,000원	12,000원	13,000원

취급상품 상품규격	■ 크기는 가로, 세로, 높이 세변의 길이의 합(최대 160cm)으로 상품의 최장변은 100cm 이내 ■ 무게는 최대 25kg이내, 곡물 및 서적 등 상품의 특성에 따라 일부 상품은 20kg이내로 예외 적용 ■ 크기와 중량 중 큰 값을 기준으로 적용
지역구분	■ 동일권역: 송하인의 주소와 수하인의 주소가 같은 권역에 해당하는 경우 ■ 타권역: 송하인의 주소와 수하인의 주소가 다른 권역인 경우 (예: 서울 → 충청도)

■ 홈페이지 회원 예약시 기본운임에서 1,000원 할인 혜택

택배사별 운임체계 – CJ대한통운택배

CJ대한통운택배 택배운임

취급상품 상품규격

- 크기는 가로, 세로, 높이 세 변의 길이를 합친 것입니다.(단, 상품의 최장변은 100cm 이내임)
- 크기와 중량 중 큰 값을 기준으로 적용합니다.

지역구분

- 동일권역: 고객님의 주소와 받으시는 분의 주소가 같은 권역에 해당하는 경우
- 타권역: 고객님의 주소와 받으시는 분의 주소가 다른 권역인 경우(예: 서울 → 충청도)

실비부담 및 할인

- 고객요청에 의한 포장비용 및 도선료, 하역료
- CJ대한통운 택배APP으로 예약 시 상기 운임에서 1,000원 할인 적용됩니다.

보내시는 분 권역 선택: 수도권

받으시는 분 권역 선택: 수도권

상품크기

- ◉ 초소형 (가로+세로+높이=80cm 중량 2Kg까지)
- ○ 소형 (가로+세로+높이=100cm 중량 5Kg까지)
- ○ 중형 (가로+세로+높이=120cm 중량 15Kg까지)
- ○ 대형 (가로+세로+높이=160cm 중량 25Kg까지)

상품가액: 원

- 상품 1개의 가격이 300만원을 초과하는 상품은 취급하지 않습니다.

품목/수량: 박스(box)

28

택배사별 운임체계 - 한진택배

한진택배 택배운임

일반택배

구분	초소형	소형	중형	대형
중량	1kg이하	10kg이하	20kg이하	25kg이하
규격(세변의합)	60cm이하	120cm이하	140cm이하	160cm이하
동일권역	4,000원		5,000원	6,000원
타권역	5,000원		6,000원	7,000원
제주권	7,000원		8,000원	9,000원
빠른 집하 서비스	5,000원	6,000원	-	-

- 도서 지역은 타 권역 요금 외에 @5,000원/Box 추가
- **권역구분** : 수도권, 충청권, 강원권, 영남권, 호남권, 제주권
- 크기, 중량 중 어느 한쪽이 기준을 초과하는 경우에는 초과된 기준을 적용합니다.

퀵택배

구분	초소형	소형
중량	1Kg이하	10Kg이하
규격(세변의 합)	60Cm이하	120Cm이하
서울권역	5,000원	6,000원

- 크기, 중량 중 어느 한쪽이 기준을 초과하는 경우에는 초과된 기준을 적용합니다.

취급점택배

구분	극소형	초소형	소형	중형	대형
중량	500g 이하	1kg 이하	10kg 이하	20kg 이하	30kg 이하
규격(세변의 합)	-	60cm 이하	120cm 이하	140cm 이하	160cm 이하
동일권역	2,500원	3,500원	4,000원	5,000원	6,000원
타권역	3,000원	4,000원	5,000원	6,000원	7,000원
제주권역	5,000원	6,000원	7,000원	8,000원	9,000원

- **권역구분** : 수도권, 충청권, 강원권, 영남권, 호남권, 제주권
- 도서 지역은 타권역 요금 외에 @5,000원/Box 추가
- 일반택배 요율에서 2,000원/Box 할인 적용된 요율임

공항택배

구분	초소형	소형	중형	대형	특대형
중량	1kg 이하	10kg 이하	20kg 이하	30kg 이하	40kg 이하
규격(세변의 합)	60cm 이하	120cm 이하	140cm 이하	160cm 이하	200cm 이하
동일권역 (인천공항↔인천시)	5,000원	6,000원	7,000원	10,000원	15,000원
타권역 (인천공항↔타지역)	7,000원	8,000원	9,000원	12,000원	20,000원
제주권역 (인천공항↔제주도)	10,000원	11,000원	12,000원	17,000원	25,000원

- 특대형은 국외출국용 인천공항으로 도착조건에 한하여 가능(이민가방만 가능)
- 국내 입국시 공항카운터에서는 특대형 30KG 미만에 한하여 접수 가능

골프택배

구분		개인	단체
동일권역	편도	13,000원	별도상담
	왕복	23,000원	별도상담
타권역	편도	18,000원	별도상담
	왕복	32,000원	별도상담
제주권	편도	22,000원	별도상담
	왕복	40,000원	별도상담

- 권역 : 수도권, 충청권, 강원권, 영남권, 호남권, 제주권
- 내품가 300만원 초과의 골프백은 접수 불가
- 골프백 개인커버를 사용하지 않으실 경우 골프백 커버에 대한 비용이 추가 됩니다.

택배사별 운임체계 - 롯데택배

롯데택배 택배운임

기본운임

구분 (성수기운임)	소 형 (10kg/120cm이하)	중 형 (20kg/140cm이하)	대 형 (25kg/160cm이하)
동일구역	4,000	5,000	6,000
타권역	5,000	6,000	7,000
제주권역 (항공료포함)	7,000	8,000	9,000

할증 및 할인운임

할증	이손품	소형 (100만원 이하)	중형 (200만원 이하)	대형 (300만원 이하)	부패성화물	할인	영업점 방문접수
	50%	50%	80%	100%	50%		-1,000원/Box

할증운임 적용대상

구분	적용기준 및 주요품명
이손품	깨지기 쉬운 물품 : 꿀병, 도자기, 플라스틱 제품류
귀중품	내품가격이 50만원 초과, 300만원 이하인 물품
냉동, 부패성 화물	부패 또는 변질되기 쉬운 물품 : 냉동, 냉장육, 한약, 청과물

택배사별 운임체계 - 로젠택배

로젠택배 택배운임

일반택배

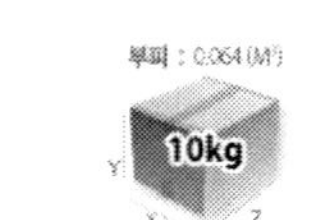

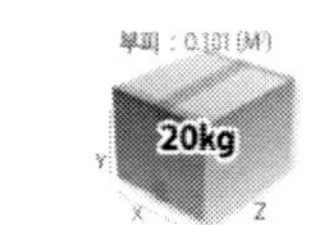

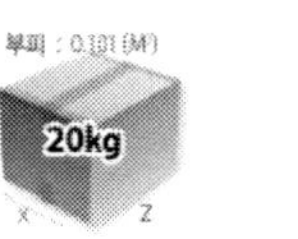

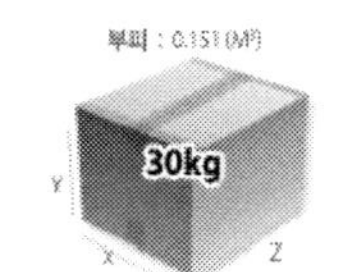

소형 기본운임 7,000원	중·소형 기본운임 8,000원	중형 기본운임 9,000원	대형 기본운임 10,000원

강원권역	기본운임 + 추가 운임 (2,000원) 발생
제주권역	기본운임 + 추가운임 발생(중량에 따라 차등적용)
도서지역	도서지역별 별도 추가 (기후, 중량, 부피에 따라 추가운임이 발생할 수 있습니다)

* 지역구분 : 수도권(서울권, 경기권, 인천광역시 포함), 충청권, 전라권, 경상권, 강원권, 제주권
* 실비부담 : 고객의 요청에 의한 포장은 추가 비용 발생

- 운송장에 인도 예정일이 기재되지 않는 경우 수화인의 인도 가능일은 수탁일로 부터 2일(익일)이며 도서, 산간벽지는 3일 내에 배송 완료해 드립니다.

추가할증 요금률

규격	할증 요금			비고
귀중품	50~100만원	100~200만원	200~300만원	1Box의 가격이 300만원을 초과하는 물품은 취급하지 않습니다.
	50%	80%	100%	
중량물·대형물	대형운임 기준으로 50% 추가 책정			30kg이하, 세변의 합 200cm 이하, 최장변 180cm 이하

- 귀중품(고가품) : 내품가격이 50만원 초과 300만원 이하의 화물

택배사별 운임체계 - 드림택배

택배 기본운임안내

구분	초소형	소형	중형	대형
세변의 합(cm)	X+Y+Z=60cm 이하	X+Y+Z=120cm 이하	X+Y+Z=140cm 이하	X+Y+Z=160cm 이하
중량(kg)	1Kg 이하	10Kg 이하	20Kg 이하	30Kg 이하
운임(원)	5,000원	8,000원	10,000원	12,000원
제주권역(섬지역)	부피, 무게에 따라 별도 요금 적용			

- 무게는 최대 30kg 이하이며 크기(세변의 합)는 최대 160cm 이하입니다.
- 운임은 물품 크기와 중량 중 큰 값을 기준으로 적용합니다.
- 지역구분 : 서울, 경기권 / 충청권 / 강원권 / 전라권 / 경상권 / 제주권
- 화물의 종류 및 운송지역에 따라 도선료 및 제주운송료는 조정될 수 있습니다.
- 상기 요금표에는 부가세가 포함되어 있습니다.
- 화물규격은 중량과 화물크기 중에서 비중이 높은 쪽을 기준으로 합니다.
  화물 크기는 세변의 합: (가로 + 세로 + 높이)
- 화물 1개의 가격이 300만원을 초과하는 화물은 취급하지 않습니다.

할증 수수료 안내

구분	내용	수수료
고가품	50만원 초과 ~100만원 이하	3,000원
	100만원 초과 ~200만원 이하	6,000원
	200만원 초과 ~300만원 이하	9,000원
취급자제품	규격 외 상품(중량물/활대품)	기본운임의 50%
	이손품(깨지기 쉬운 물품)	
	냉동 또는 부패 및 변질되기 쉬운 물품	

택배사별 운임체계 - 우체국택배

우체국택배(방문접수)

고객이 원하는 장소로 우체국직원이 방문하여 접수하는 서비스

구분/중량(크기)	2kg까지 (60cm까지)	5kg까지 (80cm까지)	10kg까지 (120cm까지)	20kg까지 (140cm까지)	30kg까지 (160cm까지)
동일지역	4,000원	5,000원	6,500원	8,000원	9,500원
타지역	5,000원	6,000원	7,500원	9,000원	10,500원
제주(익일배달)	6,500원	8,000원	9,500원	11,000원	13,000원
제주(D+2일)	5,000원	6,000원	7,500원	9,000원	10,500원

- 크기 = 가로 + 세로 + 높이
- 크기는 160cm이내, 한변의 길이는 100cm 이내에 한해 취급, 중량과 크기중에 큰 것에 해당하는 요금을 적용합니다.
- 1박스의 중량이 30kg을 초과하는 경우 접수가 불가합니다.

소포우편(창구접수)

고객이 우체국으로 방문하여 창구에서 접수하는 서비스

구분/중량(크기)		2kg까지 (60cm까지)	5kg까지 (80cm까지)	10kg까지 (120cm까지)	20kg까지 (140cm까지)	30kg까지 (160cm까지)
등기소포 (익일배달)	동일지역	3,500원	4,000원	5,500원	7,000원	8,500원
	타지역	4,000원	4,500원	6,000원	7,500원	9,500원
	제주(익일배달)	5,500원	7,000원	8,500원	10,000원	12,000원
	제주(D+2일)	4,000원	4,500원	6,000원	7,500원	9,500원
일반소포 (D+3일)	동일지역	2,200원	2,700원	4,200원	5,700원	7,200원
	타지역	2,700원	3,200원	4,700원	6,200원	8,200원
	제주	2,700원	3,200원	4,700원	6,200원	8,200원

개인택배 기본운임 비교 - 동일권역

- 택배사별 중량(kg)과 규격(삼변합, 단위 cm)에 따라 개인택배 기본 운임이 상이함.
- 개인택배 기본운임 기준 및 가격은 한진택배와 롯데택배가 동일하며 택배사들 중 공시 운임이 가장 낮음.
- 한진택배, 롯데택배, CJ대한통운의 운임은 최대 25kg 이하, 160cm 이하까지이나 이외 택배사는 30kg까지 운임을 제시하고 있음.
- 동일권역 운임은 최소 4,000원부터 최대 12,000원까지 분포 되어 있으며 로젠택배와 KG로지스의 운임이 높음.

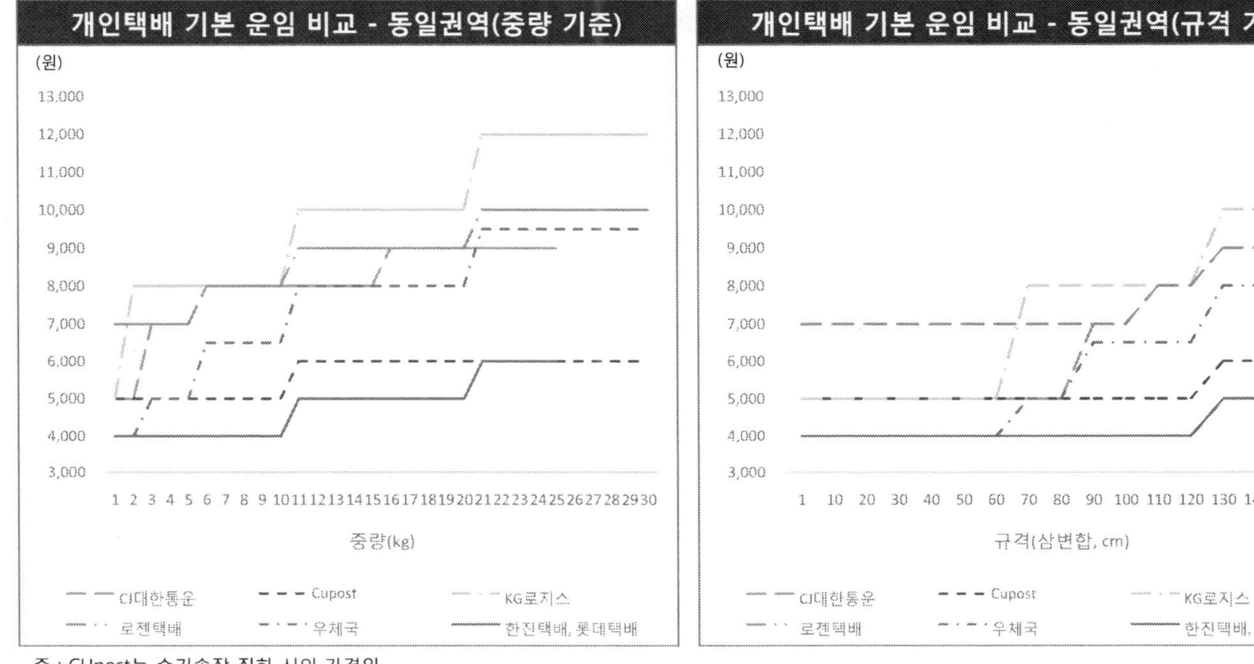

주 : CUpost는 수기송장 집하 시의 가격임.
자료 : 각 사 홈페이지, 2017년 5월 24일 기준

개인택배 기본운임 비교 - 타권역

- 타권역으로의 개인택배 운임은 최소 5,000원부터 최대 12,000원까지 분포되어 있음. 동일권역 운임에 비해 1,000원 비쌈.
- 한진택배와 롯데택배의 운임 선정 기준이 동일하며 가장 낮은 운임을 형성함.
- 로젠택배가 가장 높은 운임을 제시하고 있음. KG로지스는 타권역으로의 운임 정보를 제공하지 않음.

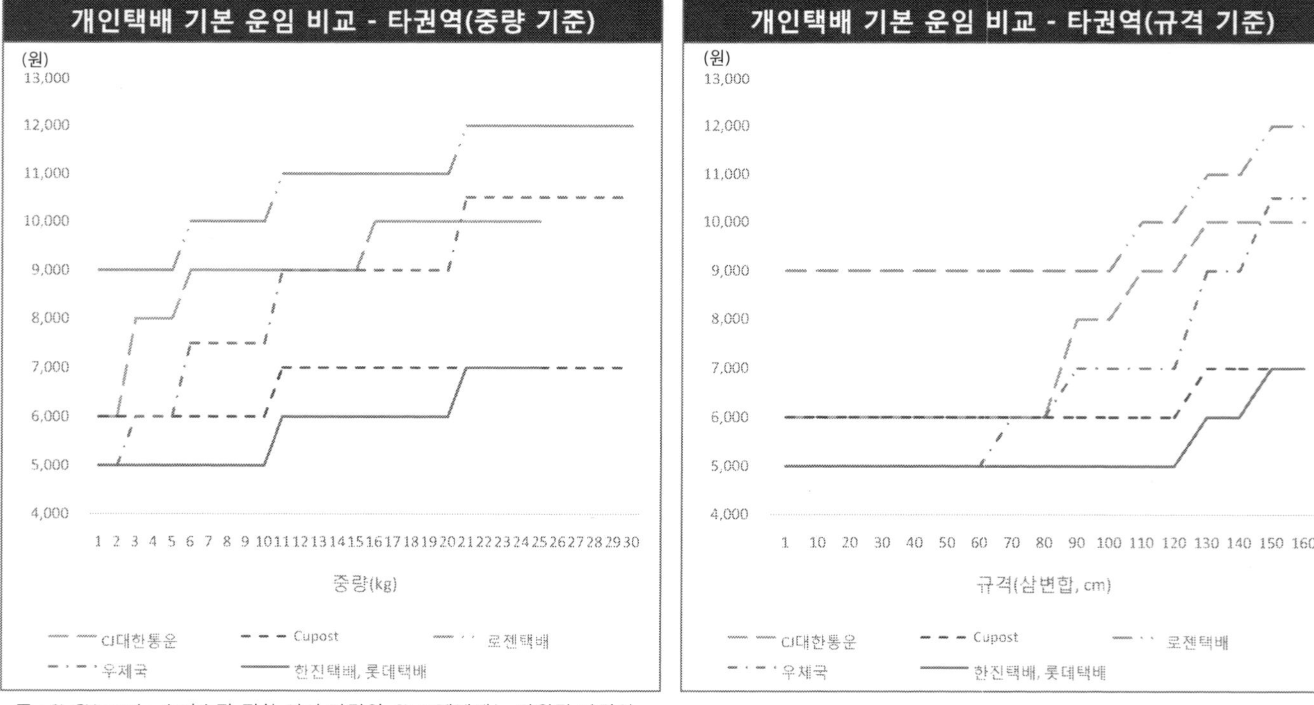

주 : 1) CUpost는 수기송장 집하 시의 가격임, 2) 로젠택배는 강원권 가격임.
자료 : 각 사 홈페이지, 2017년 5월 24일 기준

개인택배 기본운임 비교 - 제주권역

- 제주권역으로의 개인택배 기본 운임은 최소 5,000원부터 최대 13,000원까지 분포함.
- 우체국의 경우 제주권역 운임을 익일 기준과 D+2일 기준으로 구분하고 있음.
- 중량 5kg이하, 규격 80cm이하에서는 우체국(D+2일)의 운임이 가장 낮으며, 이 기준을 초과한 영역부터는 한진택배, 롯데택배가 가장 낮음.

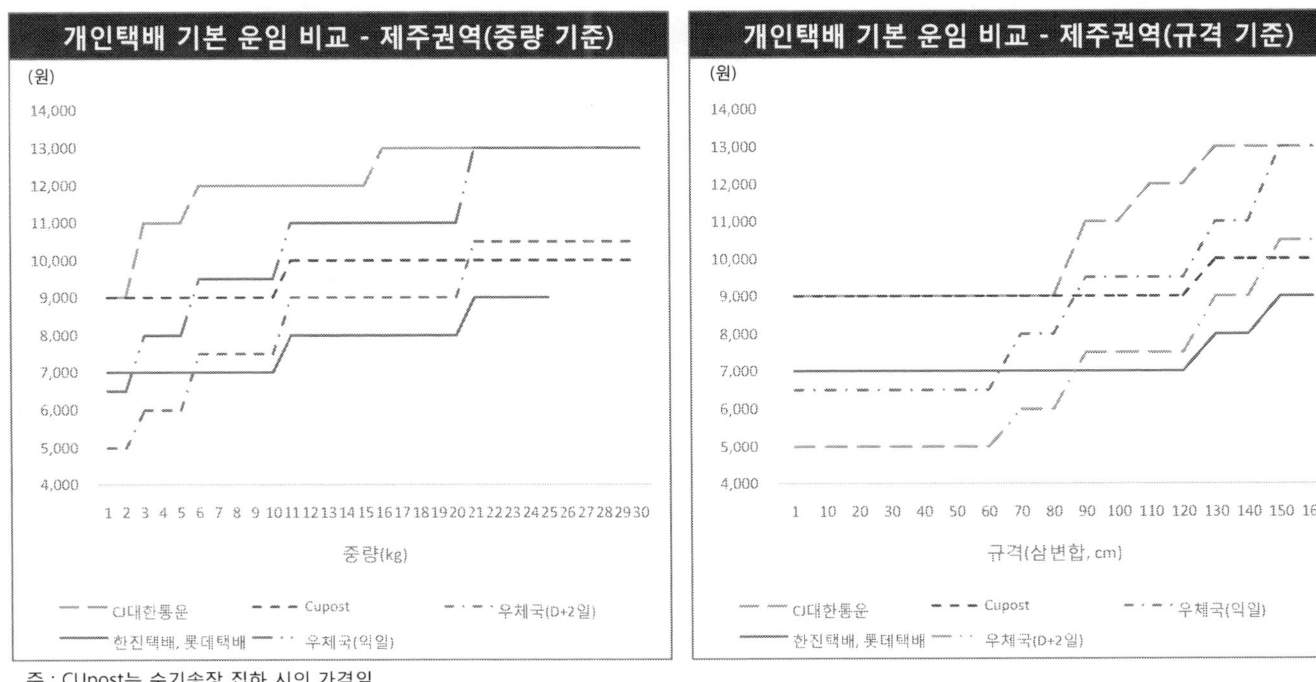

주 : CUpost는 수기송장 집하 시의 가격임.
자료 : 각 사 홈페이지, 2017년 5월 24일 기준

편의점(취급점) 택배 운임 비교

- 개인택배 기본 운임은 중량과 규격을 기준으로 택배사들이 3~5단계의 계단식 운임체계로 운영하고 있음
- 편의점(취급점) 택배 운임의 경우 최대 17단계까지 중량을 나누어 가격을 공시하고 있음.
- 중량 600g이하, 900g~1kg, 2kg~5kg 구간에서 한진택배 운임이 저렴함.

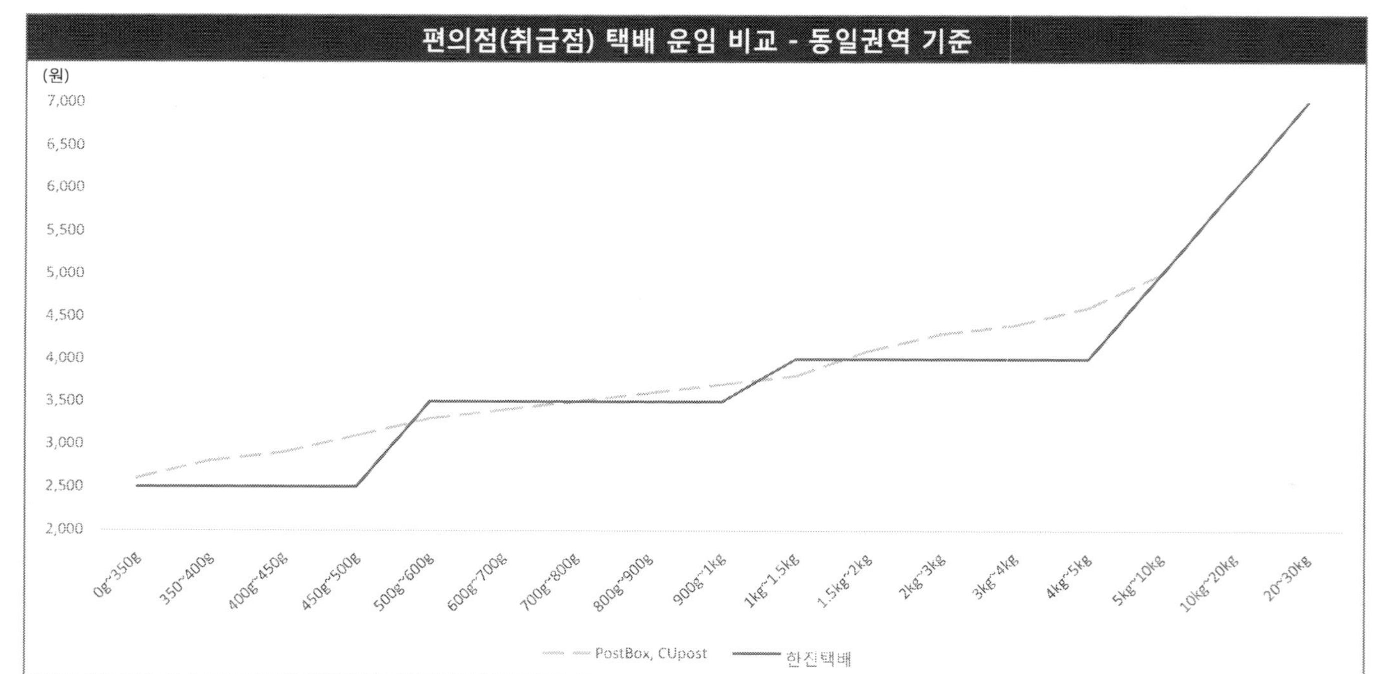

주: 롯데택배 2kg이하는 방문 접수 시 1,000원 할인을 적용함.
자료 : 각 사 홈페이지, 2017년 5월 24일 기준

개인택배 시장 규모

- 2016년 주요 택배사 택배 매출 40,856억원 중 개인택배 매출 비중은 14.8%인 6,027억원
- 주요 택배사 개인택배 매출 비중은 CJ대한통운 27.4%로 가장 높으며, 다음으로 로젠택배 25.7%, KG로지스(KG+KGB) 18.1%, 우체국택배 14.4%, 한진택배 8.5%, 롯데택배 6% 순임.
- 택배시장의 B2B:B2C:C2C 물동량 비율은 약 1:8:1(한국교통연구원, 택배물류서비스 개선을 위한 도시물류 공동플랫폼 구현, 2016)로 C2C는 택배기사가 직접 송하인을 방문하여 집하한 후 배송하는 경우와 고객이 편의점/취급점을 방문해 접수/발송한 경우임.

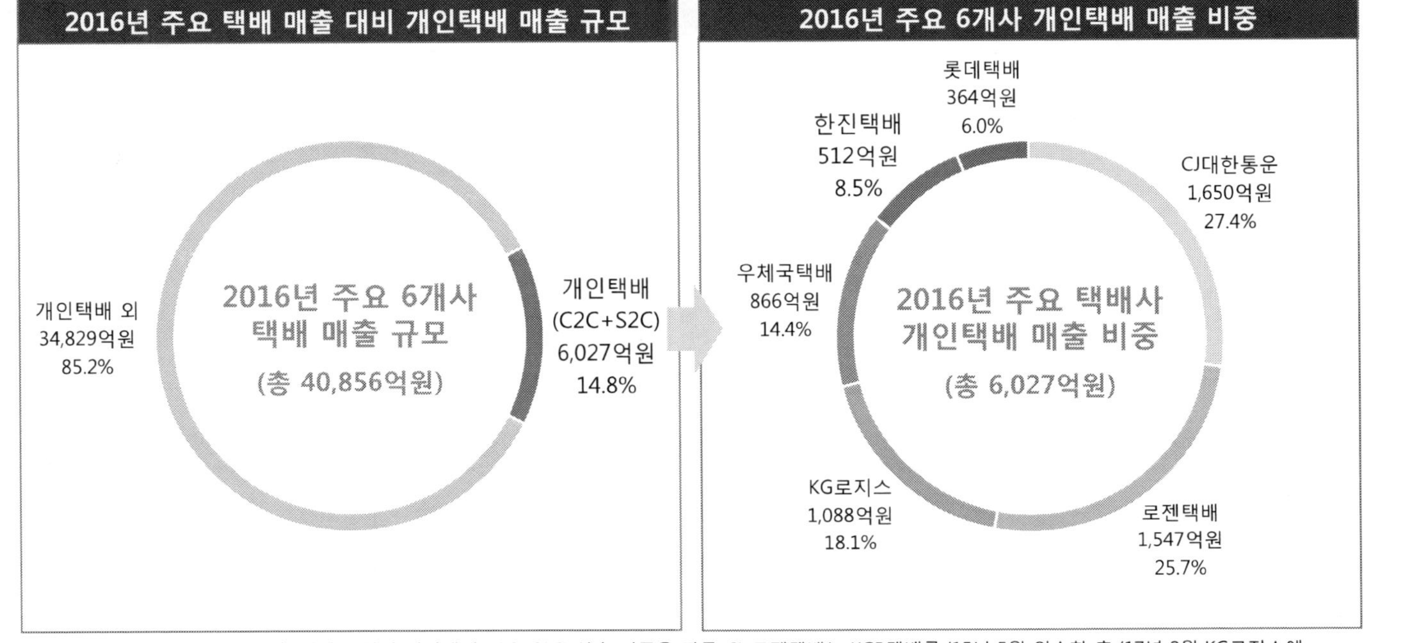

주 : 1) 주요 택배 6개사의 매출 집계로 한진 개인택배(C2C+S2C) 산출 기준을 따름, 2) 로젠택배는 KGB택배를 '15년 5월 인수한 후 '17년 2월 KG로지스에 매각함. KG로지스의 규모를 추정하기 위해 '16년 KG로지스 개인택배 매출을 KG로지스와 KGB의 합계로 사용하였음.

전체 택배 대비 개인택배 요금 구성

- 개인택배 요금(4,000원 기준) 중 집하수수료 비중이 30%로 가장 크며, 다음으로 배송수수료 25%, 기타비용(임차료, IT시스템 구축, 수선비, 직접운영비, 간접비, 판매비 등) 25%, 상/하차 및 분류비 8%, 택배업체 마진 6% 순
- 택배업체 마진은 전체 택배 요금의 경우 약 3% 비중을 차지하고 있으며, 개인택배의 경우 약 6% 비중을 차지

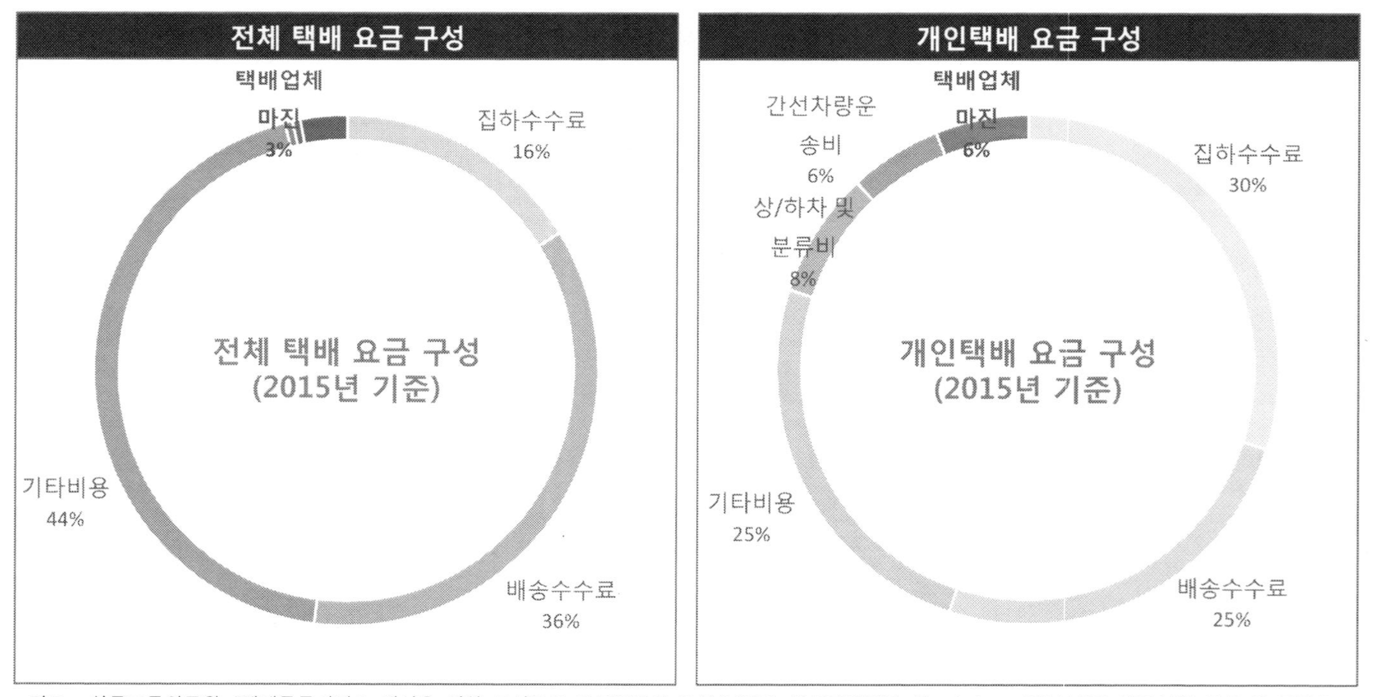

자료 : 한국교통연구원, "택배물류서비스 개선을 위한 도시물류 공동플랫폼 구현," 2016; 한국기업평가, "Analysis – 산업분석① 물류산업 동향 및 전망," Korea Ratings, 2015

주요 택배사별 분석

국내택배사별 분석 – CJ대한통운

- '99년 10월 CJ GLS에서 택배사업을 개시, '13년 4월 CJ대한통운과 CJ GLS가 통합됨.
- EC호스팅 업체인 카페24, 후이즈몰 등과 제휴하여 쇼핑몰 구축 시 택배서비스를 자동 연계시킴으로써 택배 물량 창출 도모.

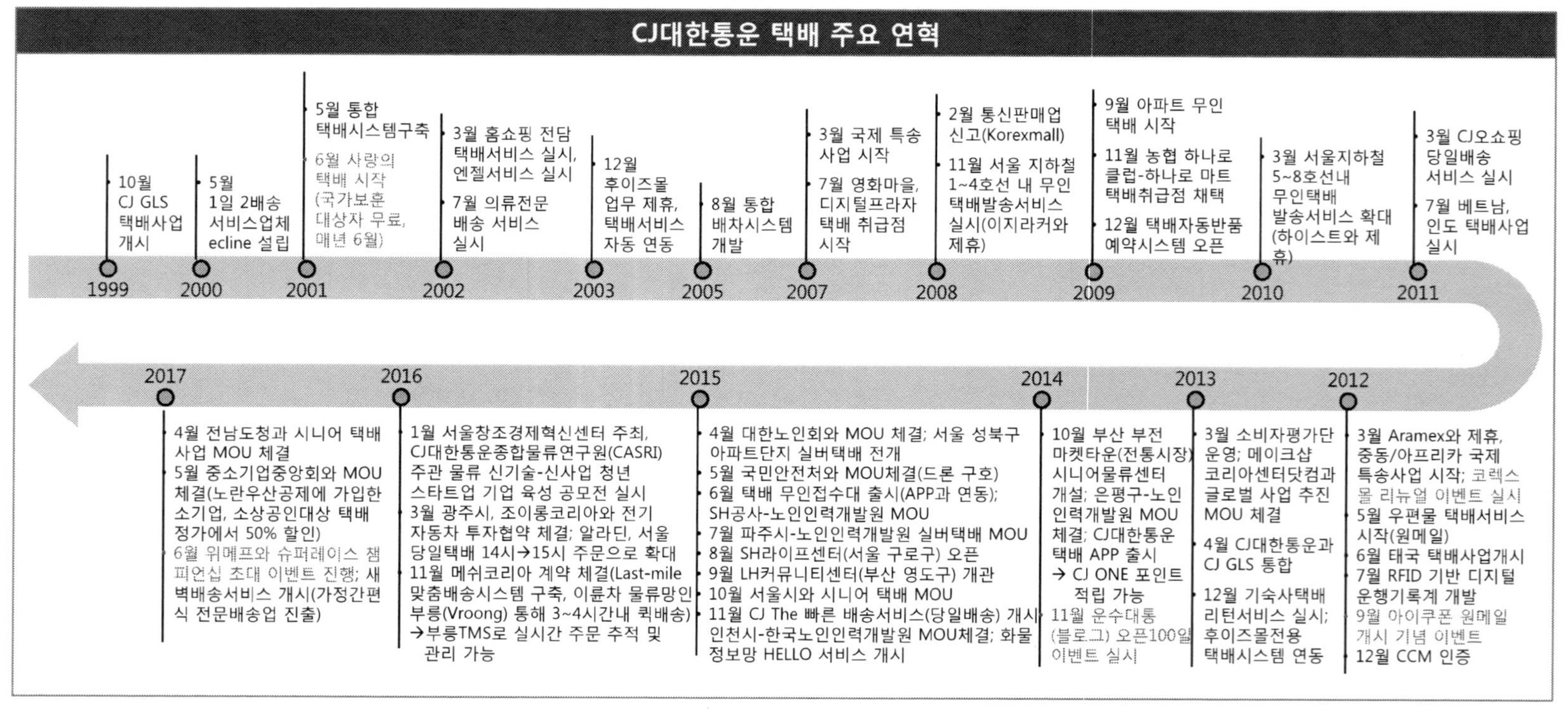

국내택배사별 분석- CJ대한통운

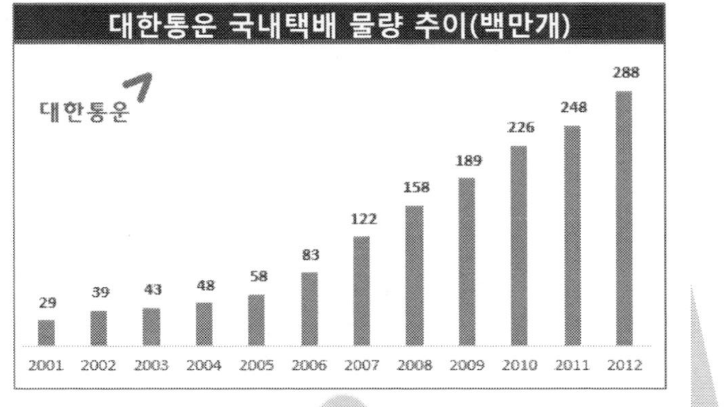

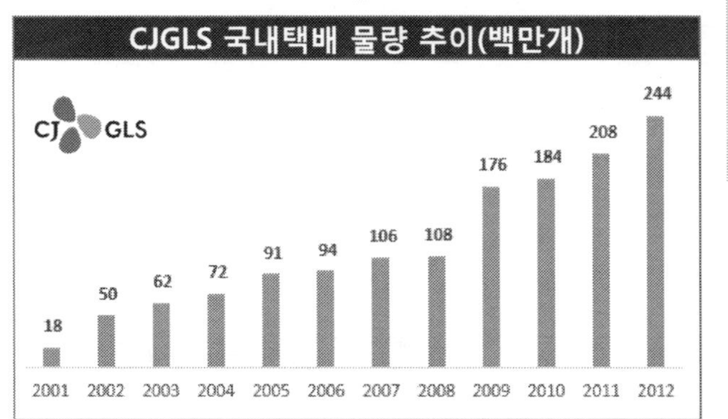

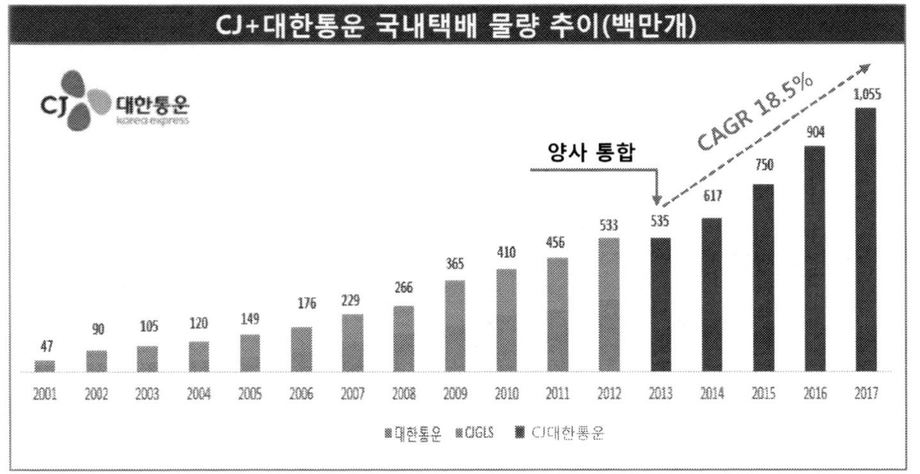

- 2013년 대한통운과 CJ GLS가 통합되어 CJ대한통운으로 재편
- 양사의 통합과정에서의 일부 신규 인력이 투입되면서, 작업 미숙 등이 발생하여 택배 물동량 처리에 문제가 있었으며, 터미널 공사 등으로 인한 지연
- 2013년~2017년 5개년 CAGR은 18.5%의 고성장세를 보여주고 있음
- 2017년 택배물량 : 10억549만개
- 2017년 택배매출 : 2조 750억억원
- 택배평균단가 : 2,018원(2016년) → 1,967원(2017년)
- 시장점유율 : 44.1%(2016년) → 45.5%(2017년)

국내택배사별 분석- CJ대한통운

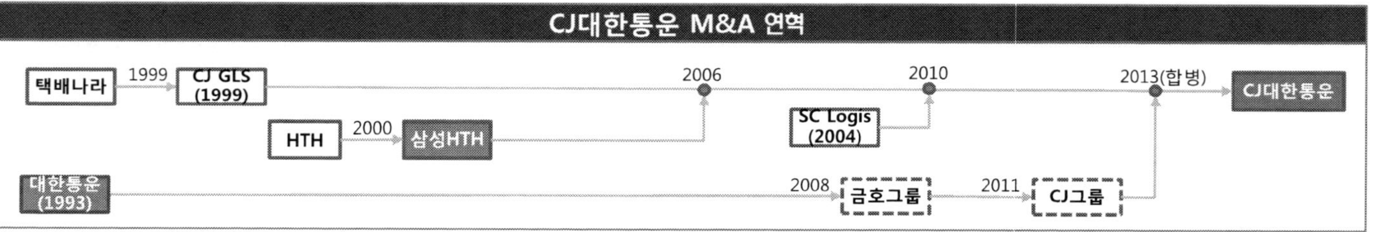

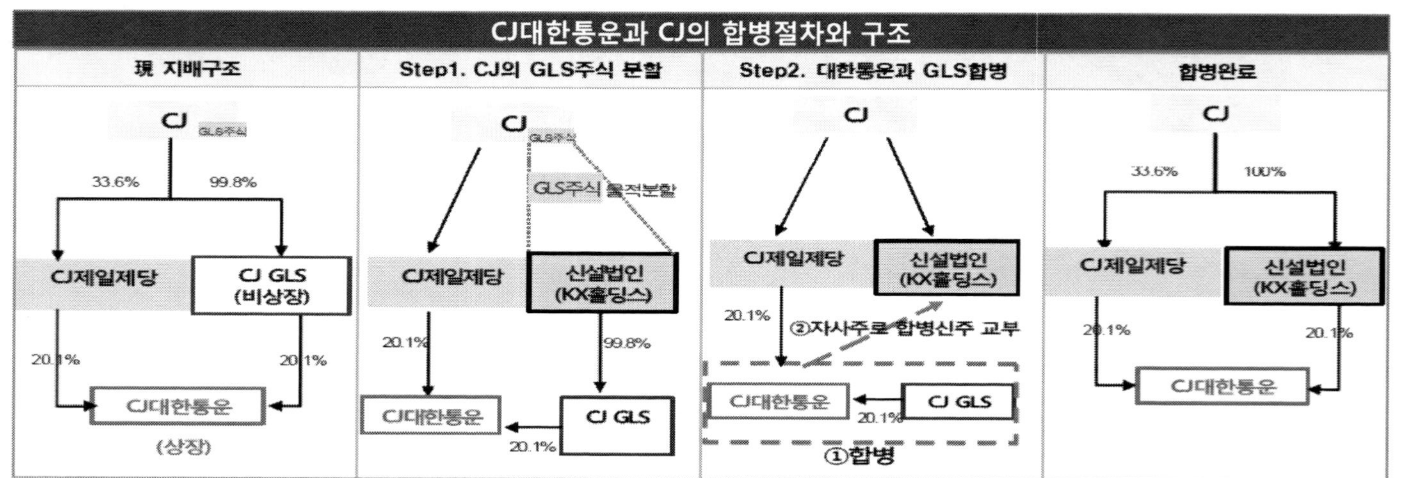

주: Step 1과 2는 동시에 진행

자료 : CJ대한통운, 토러스투자증권 리서치센터,

국내택배사별 분석 – 한진택배

- '92년 1월 국내 최초로 택배서비스 '파발마'를 개시, 동년 6월 택배서비스 브랜드를 '한진택배'로 변경함.
- '10년 택배전문 브랜드 '파발마' 출시, 시간지정집배송 서비스인 '플러스택배'를 출시함.
- '17년 5월 원더스와 제휴하여 퀵택배(서울지역 4시간 내 배송)를 런칭, 개인택배 화물 확보 노력.

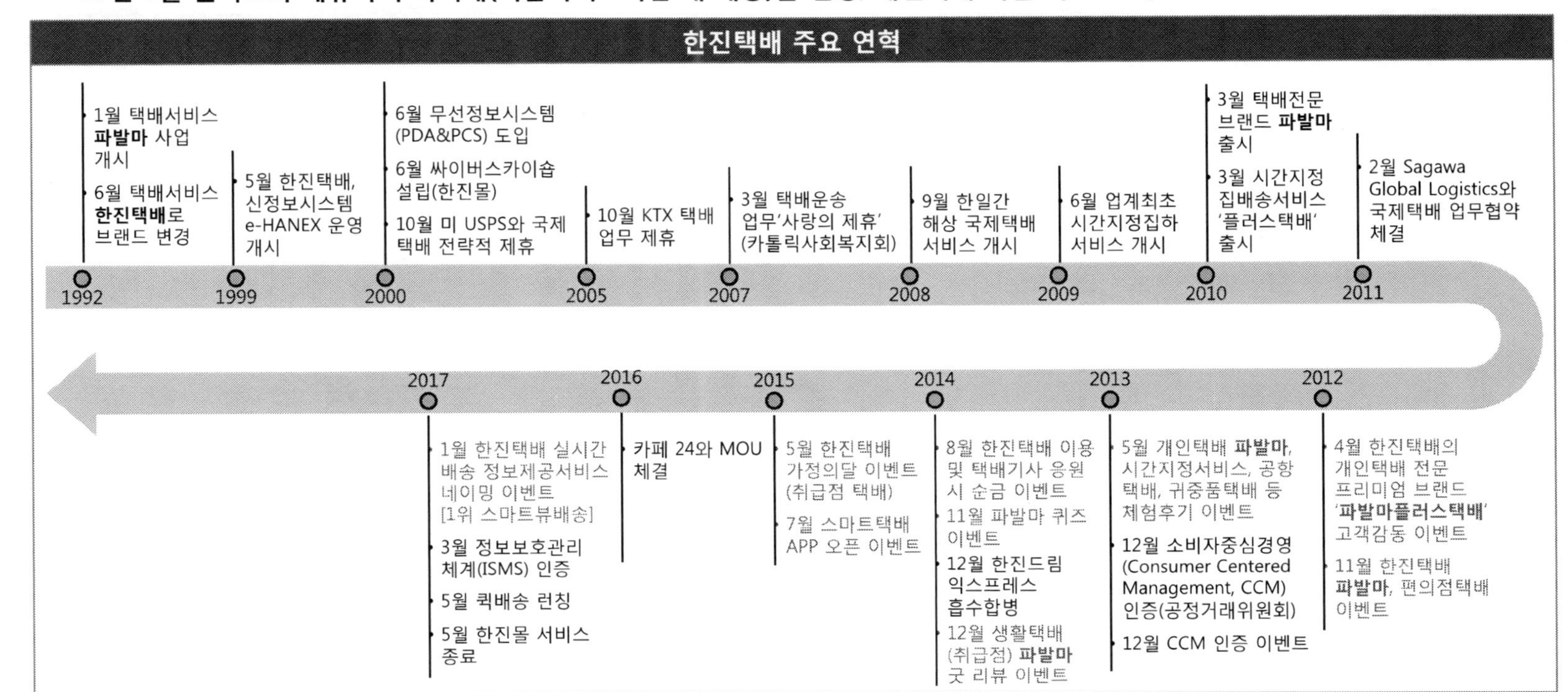

주 : 파란색 글은 택배 이벤트 내용임.

44

국내택배사별 분석 – 한진택배

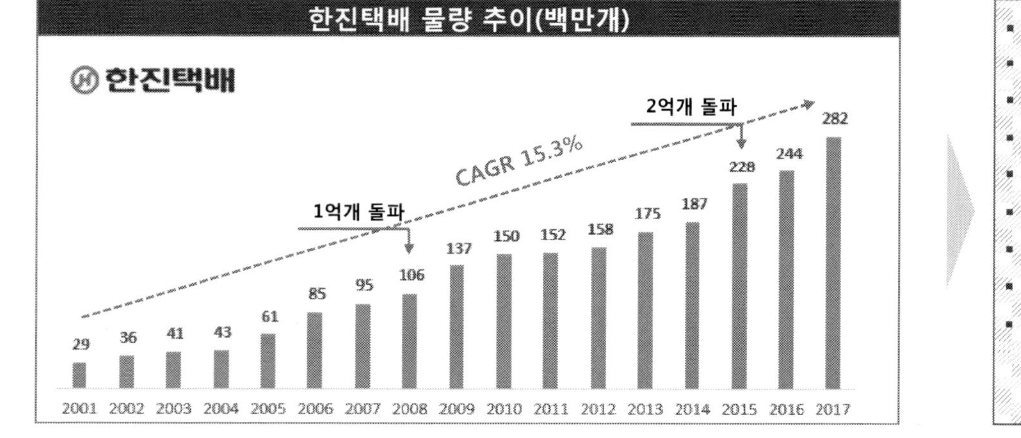

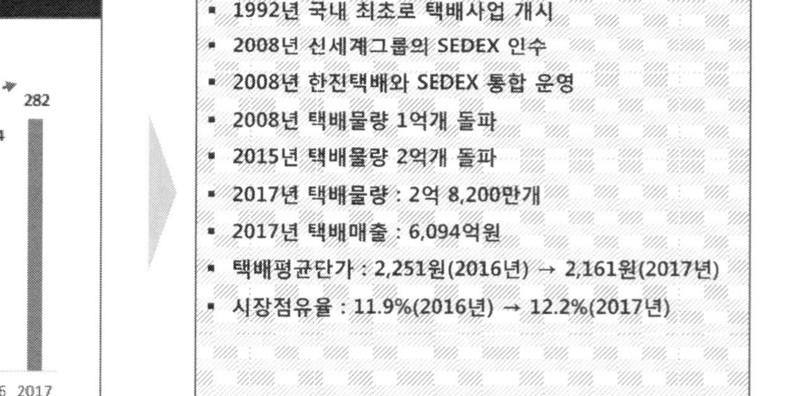

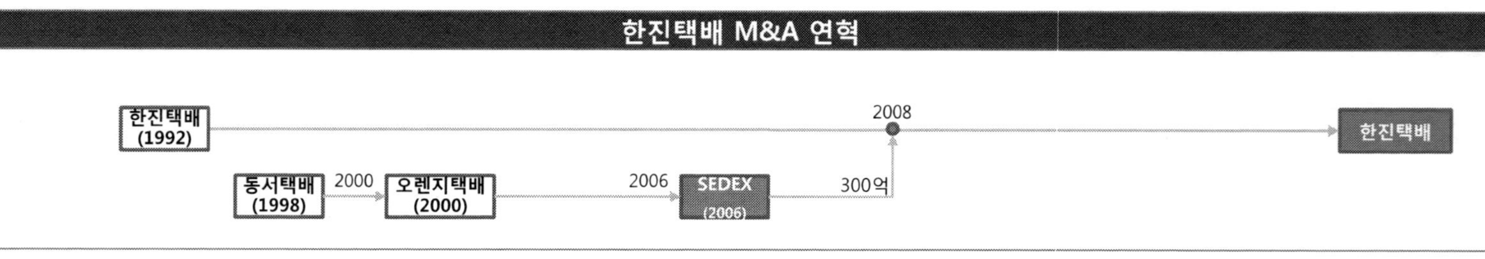

45

국내택배사별 분석 – 롯데택배

- 2016년 롯데그룹이 현대택배를 인수, 사명을 롯데글로벌로지스㈜로 변경하고, 택배사업 브랜드 롯데택배 런칭.
- 2017년 1월 중국 택배업체 윈다, ZM로지스틱스와 MOU를 체결하여 한-중간 해외직구, 역직구 및 택배사업 확장 도모

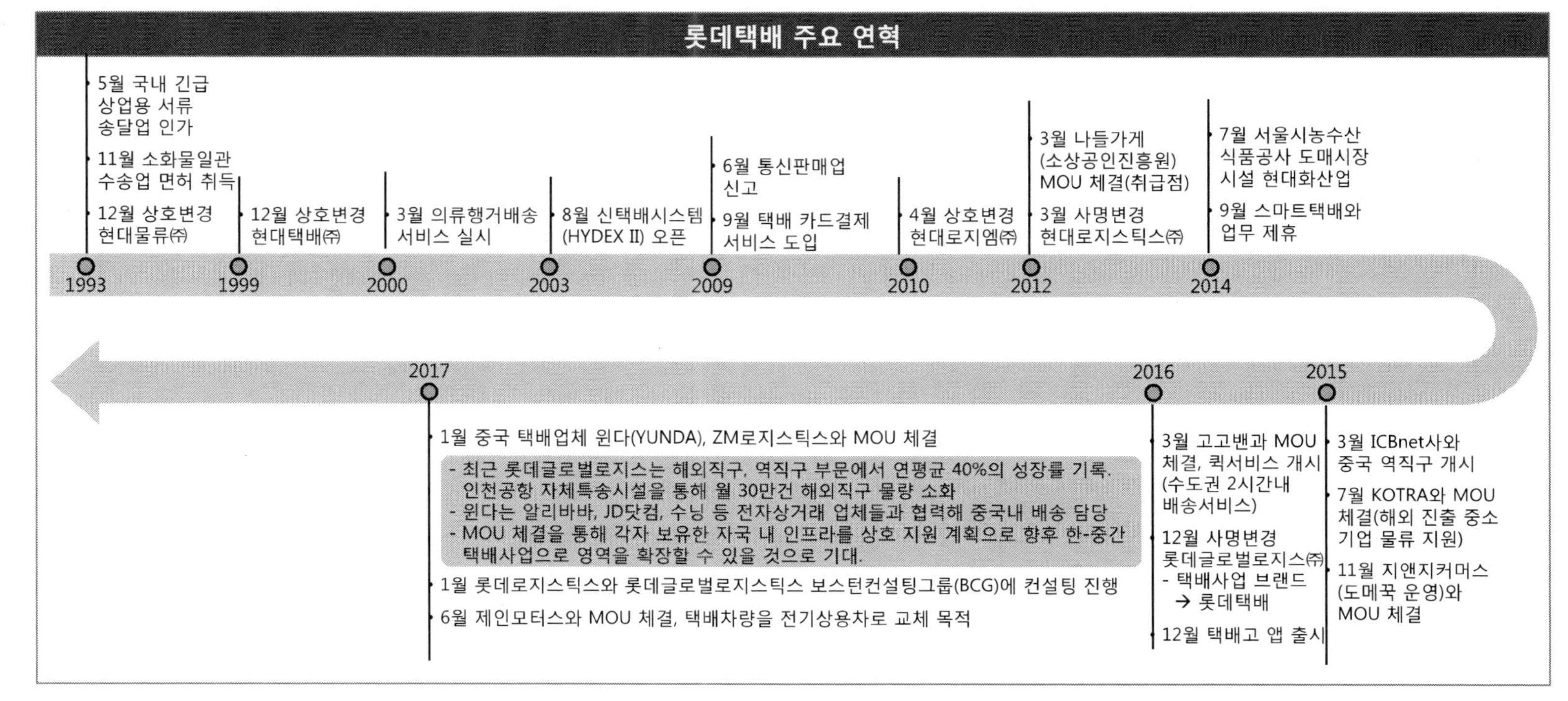

국내택배사별 분석 – 롯데택배

롯데택배 물량 추이(백만개)

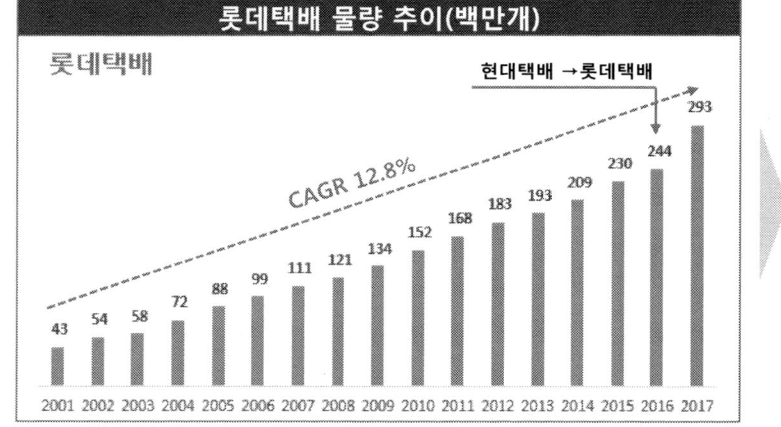

- 1993년 택배사업 면허를 보유한 대성기업을 인수하여 택배사업 진출
- 2014년 현대그룹 유동성위기를 계기로 SPC에 매각
- 2016년 롯데그룹, 현대로지스틱스(현대택배) 인수작업 완료
- 2016년 12월, 사명변경[현대로지스틱스㈜→롯데글로벌로지스㈜]
- M&A 따른 통합작업이 안정화되면 향후 롯데그룹사의 Captive 물량에 힘입어 한진택배와의 물량 격차가 벌어질 것으로 예상됨
- 2017년 택배물량 : 2,933만개
- 2017년 택배매출 : 6,077억원
- 택배평균단가 : 2,128원(2016년) → 2,072원(2017년)
- 시장점유율 : 11.9%(2016년) → 12.6%(2017년)

롯데택배 M&A 연혁

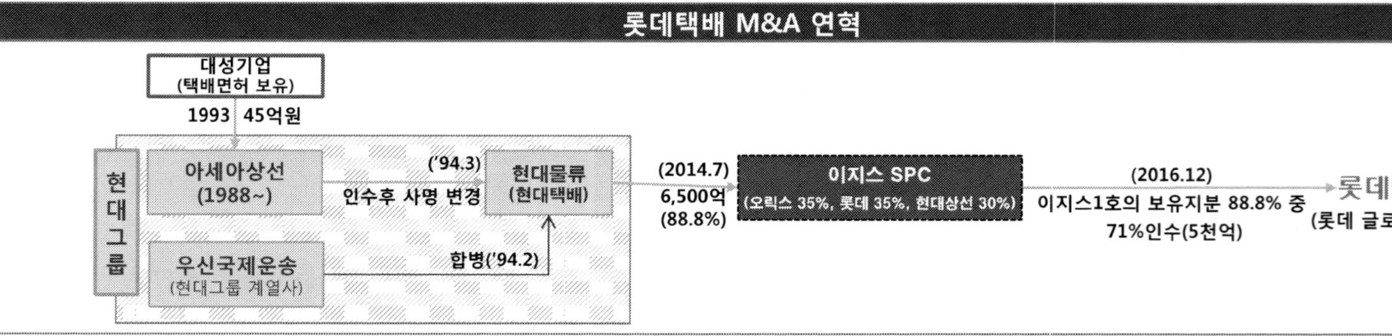

국내택배사별 분석 – 롯데택배

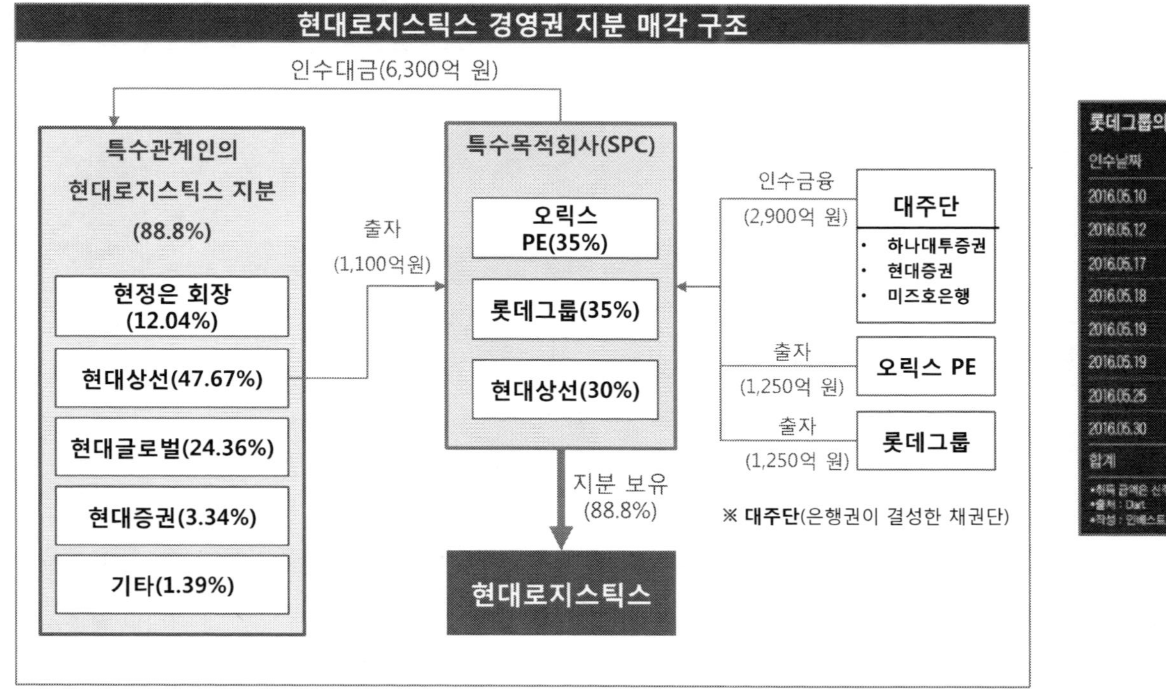

롯데그룹의 현대로지스틱스 경영권 인수, 주주별 세부내역 (단위 : 주, %, 백만원)

인수날짜	회사명	취득 주식수	취득 지분율	취득금액
2016.05.10	롯데제과	660,805	3.62	25,169
2016.05.12	롯데쇼핑	660,805	3.62	25,169
2016.05.17	롯데로지스틱스	122,534	11.13	80,326
2016.05.18	롯데푸드	711,634	3.90	27,105
2016.05.19	호텔롯데	2,541,555	13.90	96,803
2016.05.19	롯데케미칼	3,202,360	17.54	121,971
2016.05.25	롯데칠성음료	660,805	3.62	25,169
2016.05.30	롯데리아	2,500,888	13.70	95,254
합계		11,061,386	71.03	496,966

•취득 금액은 신주인수권을 제외한 규모로 올 11월30일 최종 공시됨
•출처 : Dart
•작성 : 인베스트조선(www.investchosun.com)

국내택배사별 분석 – 로젠택배

- '99년 4월 설립된 로젠택배는 물류 자산이 거의 없는 사업체(Asset-light)로 개인택배에 특화한 중소택배사
- 개인택배 물량 확보를 위해 '10년 3월 나눔로또, 동년 8월 편의점 원타임, '11년 5월 나들가게 외 소규모 슈퍼마켓, 마트, 세탁소 등 취급점 확대.

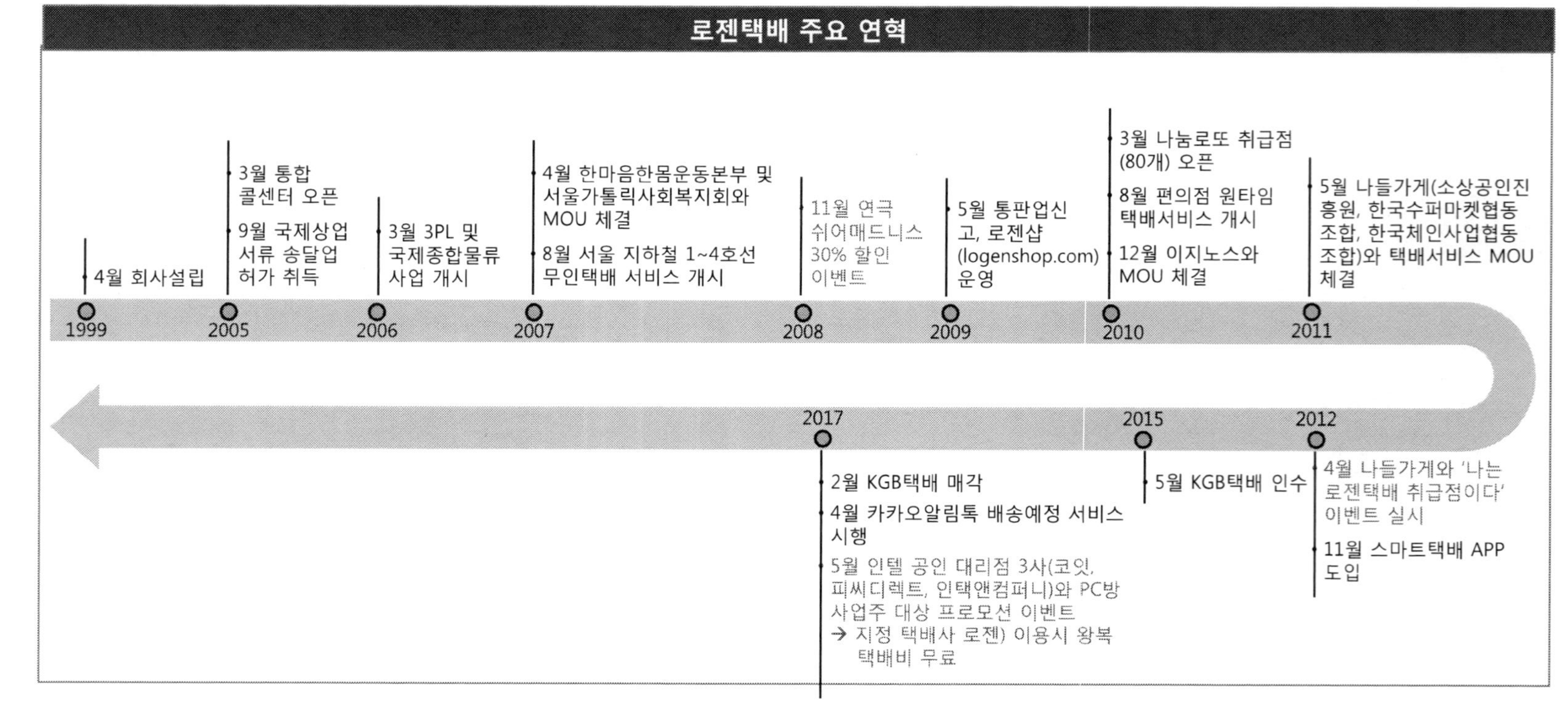

국내택배사별 분석 – 로젠택배

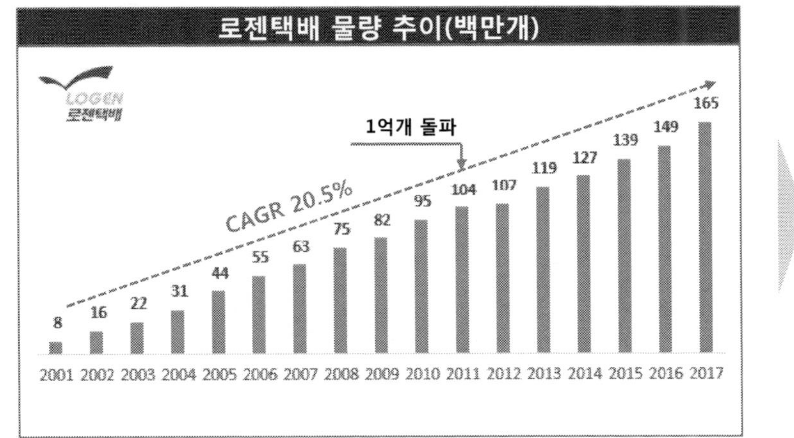

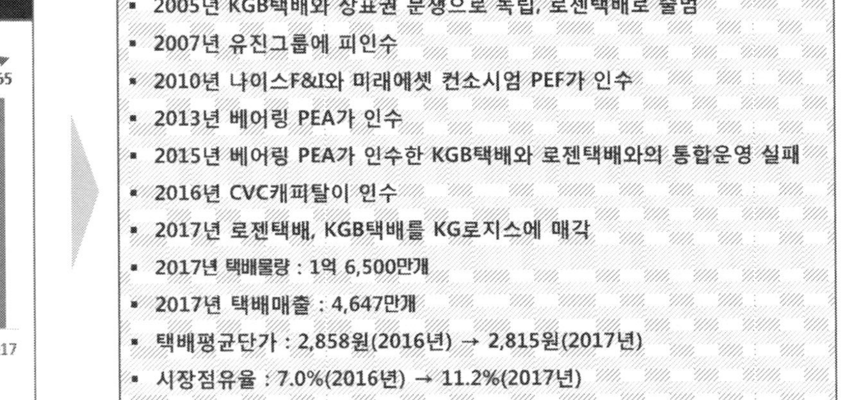

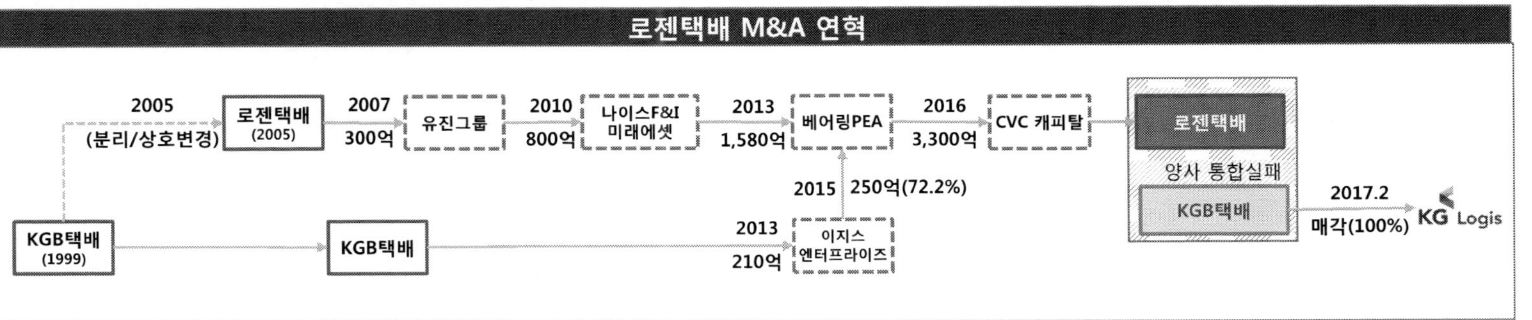

국내택배사별 분석 – KG로지스

- 옐로우캡 택배는 2008년 1월에, 동부택배는 2015년 1월에 KG그룹에 편입됨.
- '17년 2월, KGB택배를 인수하였으나 동년 10월 유엘로지스(KG로지스 대리점주 연합법인)에 매각
- '18년 1월, KG로지스는 드림택배로 출범

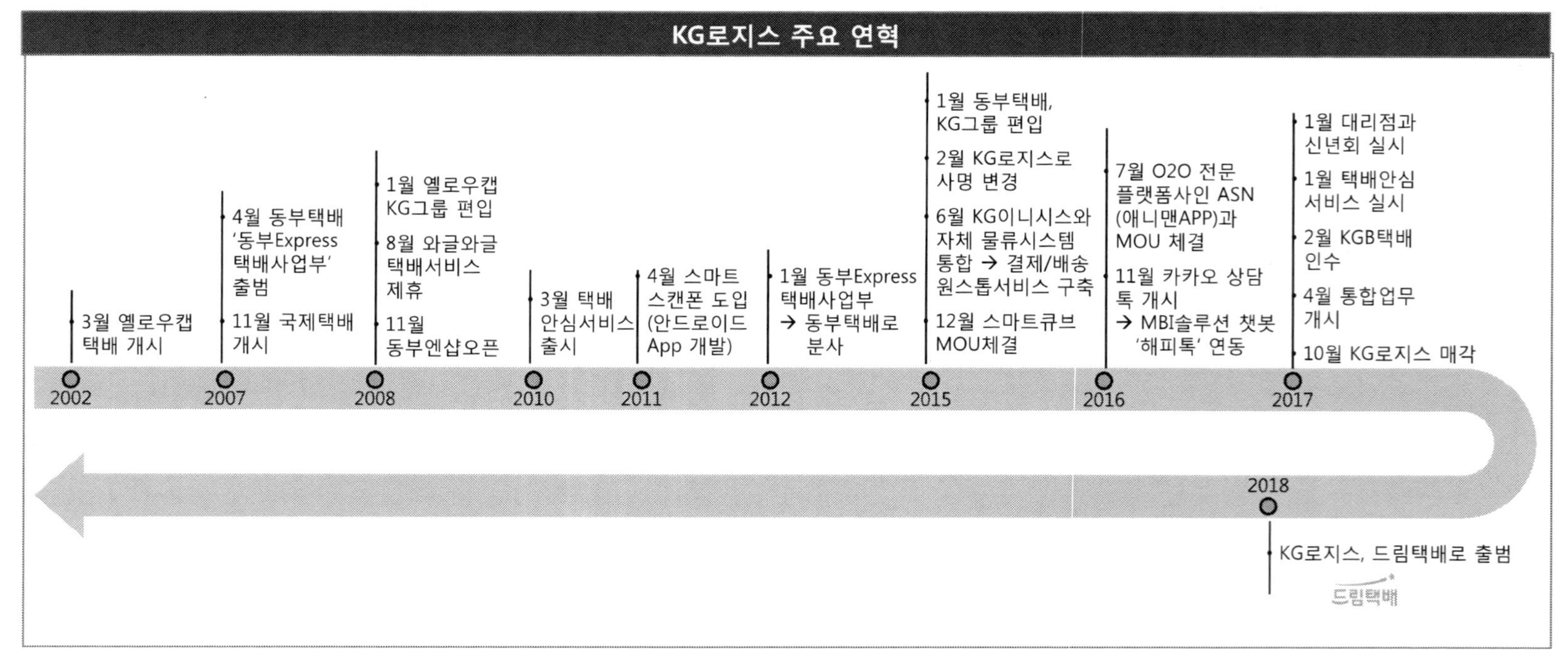

51

국내택배사별 분석 – KG로지스

KG로지스 물량 추이(백만개)

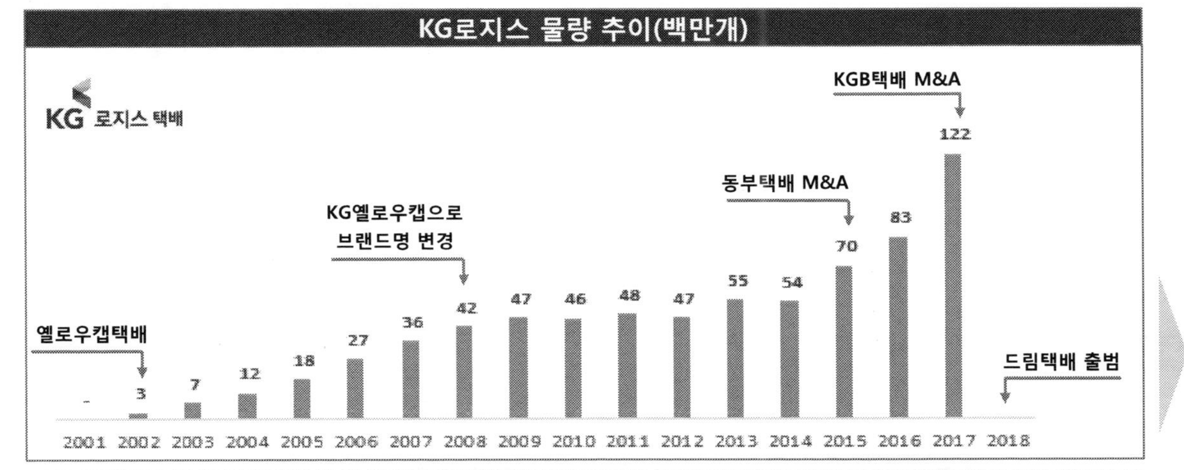

KG로지스 M&A 연혁

- 2003년 옐로우캡택배 출범
- 2008년 KG그룹에 피인수, KG옐로우캡으로 변경
- 2015년 KG그룹, 동부택배 인수 후 KG로지스로 사명 변경
- 2015년 KG로지스와 KG옐로우캡 통합
- 2017년 KG로지스, KGB택배 인수
- 2017년 KG로지스, 유엘로지스(KG로지스 대리점주 연합법인)에 매각
- 2018년 KG로지스, 드림택배로 출범
- 2017년 KGB택배 인수로 물량 급증
- 2017년 택배물량 : 1억 2,167만개
- 2017년 택배매출 : 3,188억원
- 택배평균단가 : 2,602원('16년) → 2,620원('17년)
- 시장점유율 : 4.1%(2016년) → 5.2%(2017년)

로젠택배, KGB택배, KG로지스의 M&A 관계도

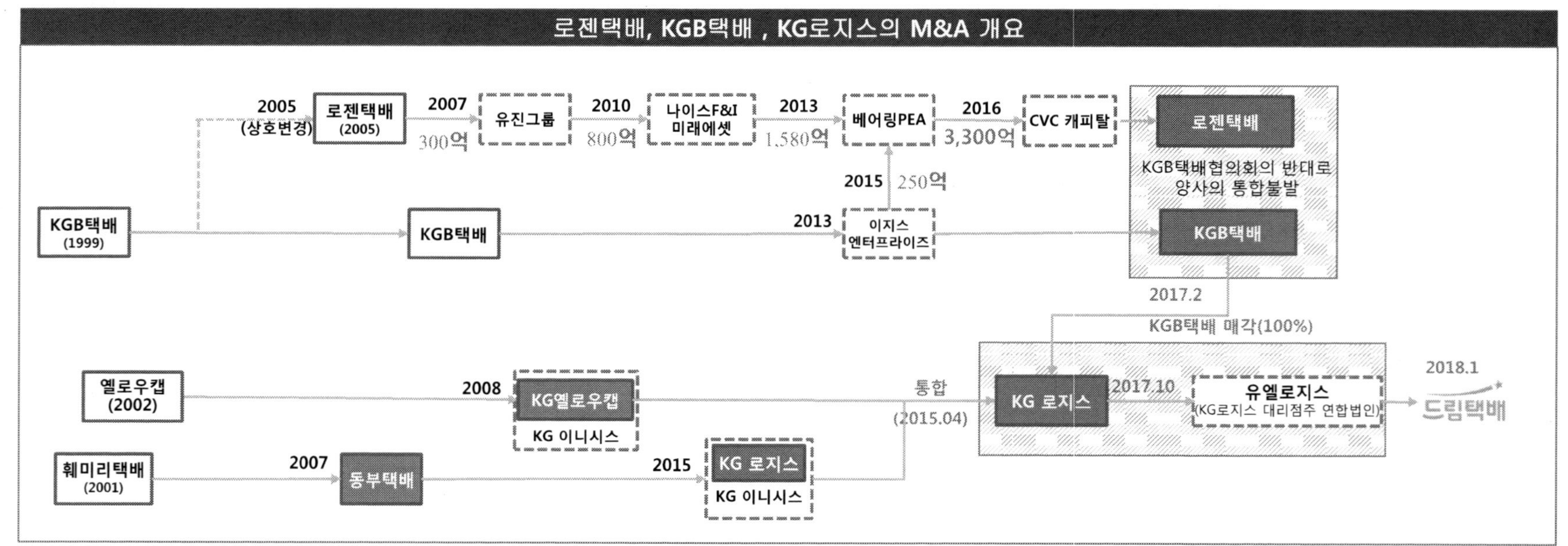

: 재무적 투자자 (Financial Investor)

국내택배사별 분석 – 우체국택배

- 2001년 우체국택배 브랜드를 런칭하였으며, 2002년 우체국쇼핑을 설립함. 이후 2006년에는 전자상거래 토털서비스 체제를 구축하여 택배시스템 자동 연계를 통한 택배 물량 창출 도모.
- 우체국쇼핑은 물론, EC호스팅업체인 고도, 메이크샵 등과의 택배서비스 자동 연동을 실시한 바 있음.

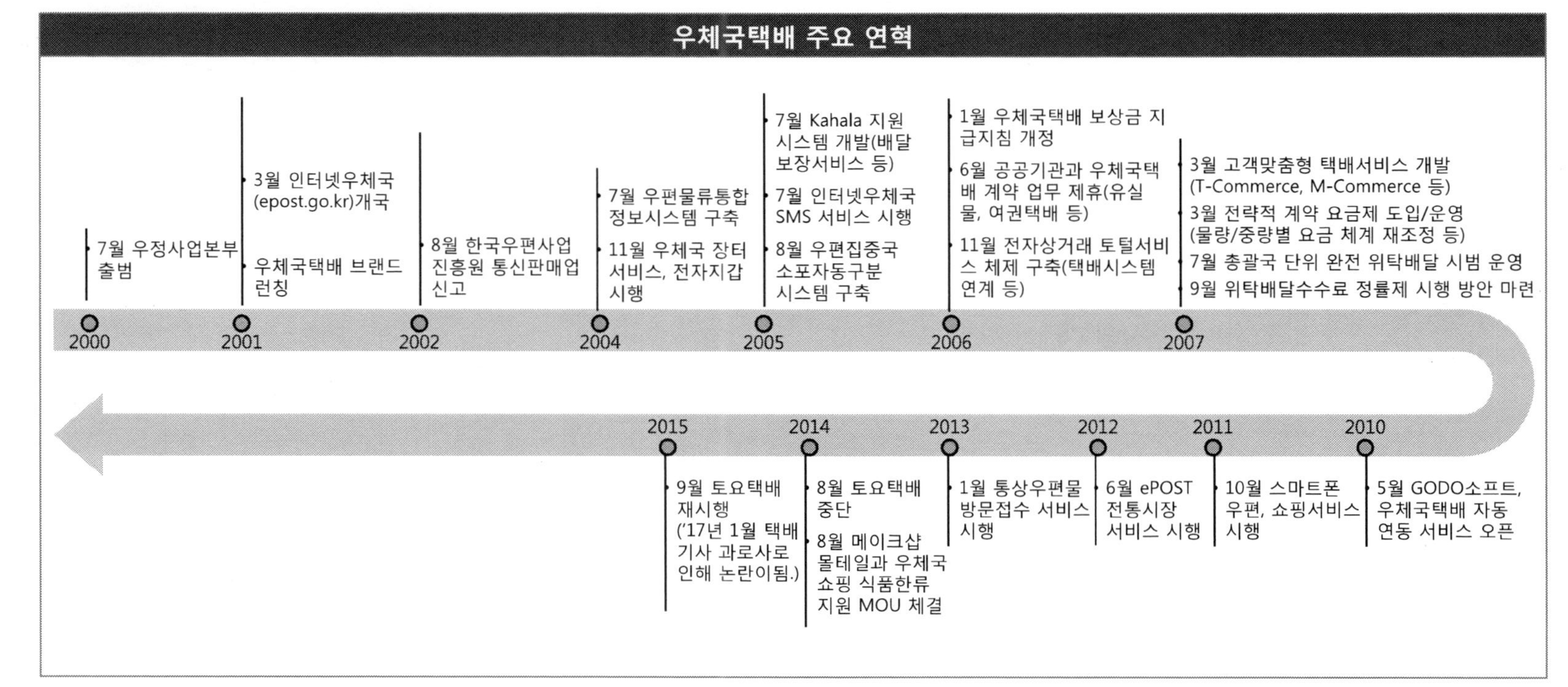

국내택배사별 분석 – 우체국택배

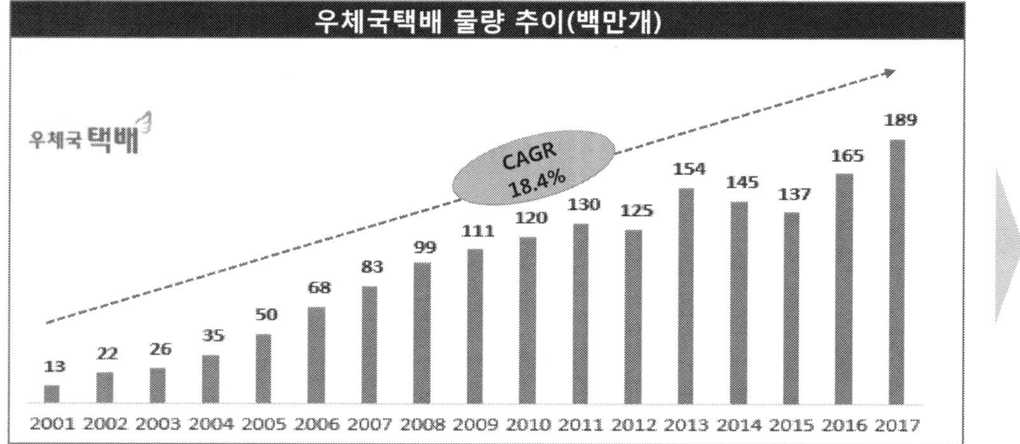

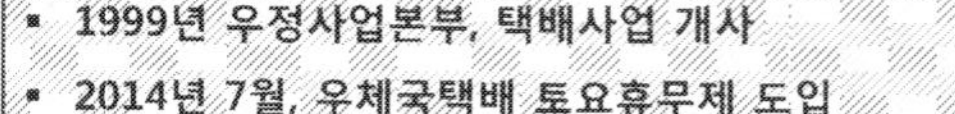

- 1999년 우정사업본부, 택배사업 개사
- 2014년 7월, 우체국택배 토요휴무제 도입
- 2015년 9월, 토요일 배송 재개
- 2017년 택배물량 : 1억 8,871만개
- 2017년 택배매출 : 4,396억원
- 택배평균단가 : 2,353원('16년) → 2,330원('17년)
- 시장점유율 : 8.0%(2016년) → 8.1%(2017년)

국내택배사별 분석 – 우체국택배('집배물류 혁신전략 10대 추진과제') 수립

- 2017년 12월 22일, 우정사업본부는 교섭대표노동조합인 전국우정노동조합과 노사협의회를 열고 제98차 노사협정서 체결
- 우정사업본부와 우정노조는 이날 제도개선, 근로조건, 복리후생에 관한 사항 등 총 33개 안건을 합의
- 2018년까지 집배원의 근로시간을 주 52시간 이내로 단축
- 집배원이 연·병가를 자유롭게 사용할 수 있도록 인력을 연차별로 1,000여 명 증원
- 집배원의 안전사고 예방을 위해 이륜차는 초소형 사륜차로 대체

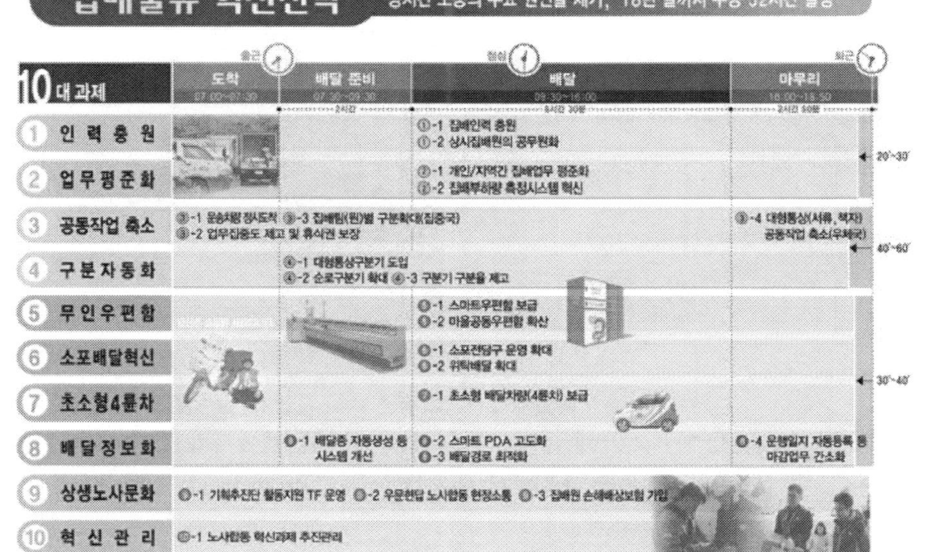

국내택배사별 분석 – 우체국택배

- 우정사업본부, 2018년 3월부터 택배 업무에 이같은 소형 전기차가 시범적으로 도입 예정.
- 2018년 상반기 50대를 도입해 수도권과 신도시 지역에서 시범 운용한 뒤 연내에 1천대를 더 현장에 투입할 계획이며 2019년에는 1만대까지 늘릴 방침
- 우정사업본부는 내년까지 모든 집배원이 주 52시간 이내 근무 여건 조성 계획

우본, 집배원용 전기차 50대 3월부터 시범운영

우편차량 거리 퍼레이드(2018.1.2)/ 우정사업본부

이륜차 VS. 초소형 전기차 비교

구분	< 이륜차 >	< 초소형 전기차 >
이미지		
주요제원	▪ 권장속도 : 60km ▪ 연비 : 53km ▪ 배기량 : 110cc	▪ 최고속도 : 80km ▪ 충전시간 : 3.5h ▪ 1회 충전주행거리 : 100km
총 비용 (구입비+유지비)	연간 200만원 내외	연간 150만원 내외 ※ 친환경 보조금 900만원은 별도
장점	▪ 기동성이 좋아 좁은 골목길 등에서 유리	▪ 이륜차 사고 발생('16년말 기준 229건 발생) 가능성 감소 ▪ 1회 적재량(200kg)이 우수하고, 냉난방 등 편의장치가 장착
단점	▪ 이륜차 사고 발생 시 대체인력 필요(연인원 11,300여명) ▪ 1회 적재량(35kg) 한계로 중간수도 등 추가업무 발생	▪ 집배원에게 익숙한 이륜차 운행 대비 배달시간 추가 소요(일 1시간 내외)

※ (출처 : 조달청 나라장터 종합쇼핑몰 및 제조사 추정 가격)

국내택배
M&A 연혁

국내 택배업계 M&A 연혁

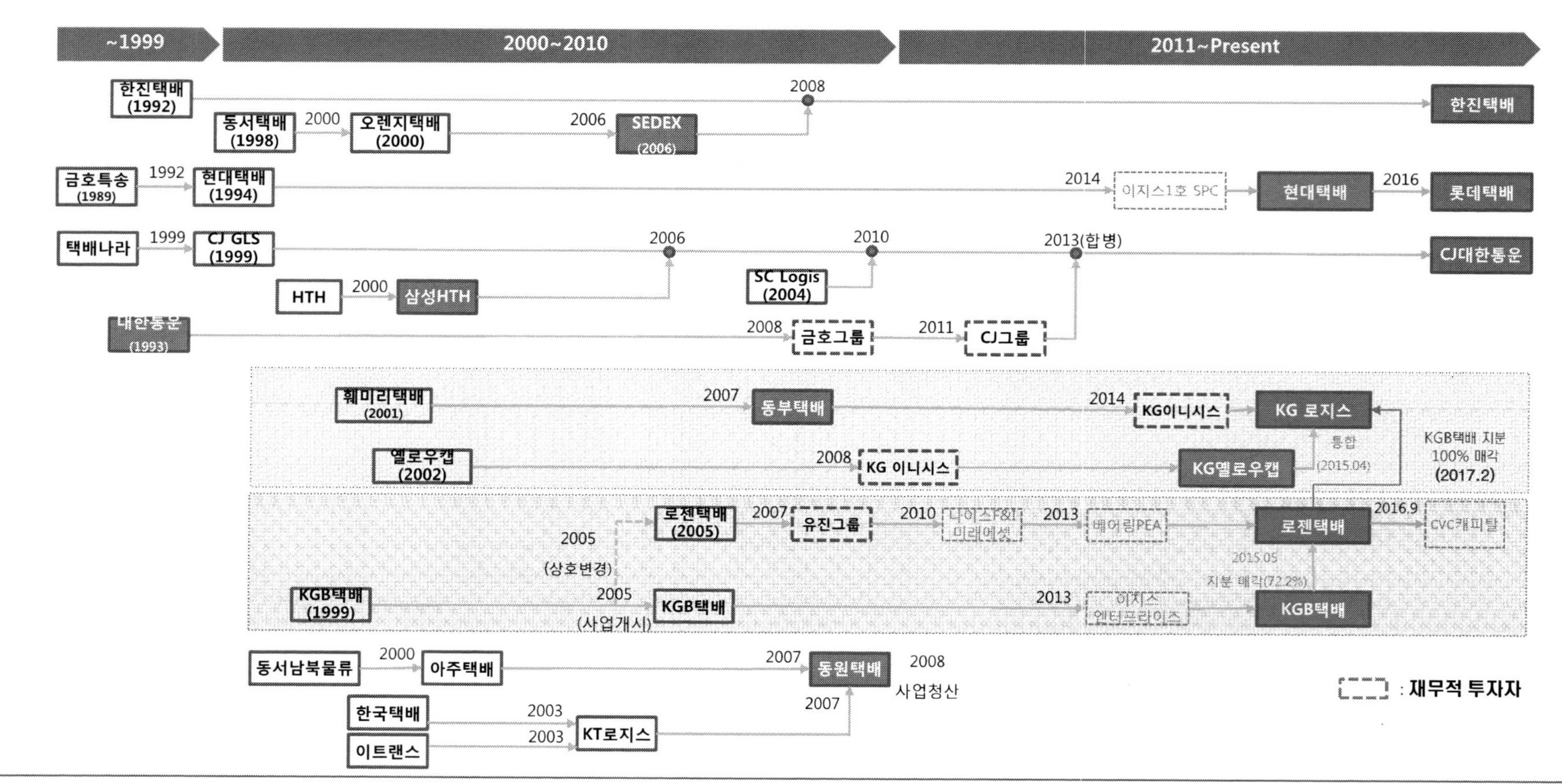
~1999
2000~2010
2011~Present
한진택배 (1992)
동서택배 (1998)
2000
오렌지택배 (2000)
2006
SEDEX (2006)
2008
한진택배
금호특송 (1989)
1992
현대택배 (1994)
2014
이지스1호 SPC
현대택배
2016
롯데택배
택배나라
1999
CJ GLS (1999)
2006
2010
2013(합병)
CJ대한통운
HTH
2000
삼성HTH
SC Logis (2004)
대한통운 (1993)
2008
금호그룹
2011
CJ그룹
훼미리택배 (2001)
2007
동부택배
2014
KG이니시스
KG 로지스
옐로우캡 (2002)
2008
KG 이니시스
KG옐로우캡
통합 (2015.04)
KGB택배 지분 100% 매각 (2017.2)
로젠택배 (2005)
2007
유진그룹
2010
다이스F&I 미래에셋
2013
베어링PEA
로젠택배
2016.9
CVC캐피탈
2005 (상호변경)
KGB택배 (1999)
2005 (사업개시)
KGB택배
2013
이지스 엔터프라이즈
2015.05 지분 매각(72.2%)
KGB택배
동서남북물류
2000
아주택배
2007
동원택배
2008 사업청산
한국택배
이트랜스
2003
2003
KT로지스
2007
: 재무적 투자자

국내 택배업계 M&A 연혁 - 로젠택배, KGB택배, KG로지스의 M&A 관계도

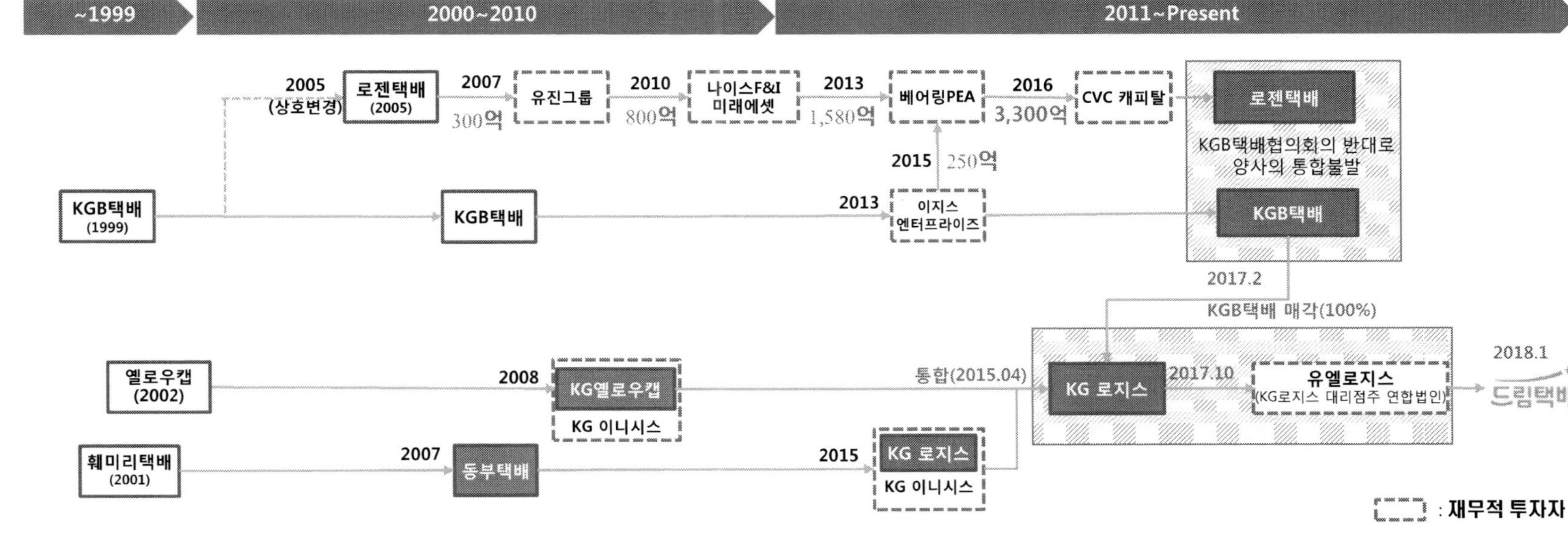

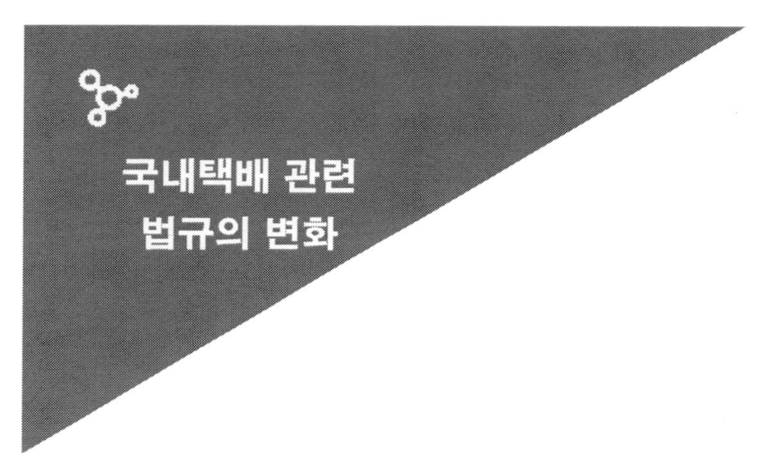

국내택배 관련 법규의 변화

국내 택배사업의 법제도의 변천 과정

일자	법제도	내용	세부
1989. 12.30	■ 자동차운수사업 개정·공포(1990.4.1. 시행)	■ 택배사업 관련법 조항 신설(제16조)	■ 사업 허가제 ■ 운임/요금 신고제, 운송약관 인가제
1991. 01.29	■ 자동차운수사업법 시행령 개정·공포	■ 택배사업자 진입자격 기준 규정	■ 노선화물, 일반구역화물, 용달화물
1991. 09.27	■ 자동차운수사업법 시행규칙 개정·공포	■ 택배사업 세부 허가 기준 규정	■ 소화물의 범위 : 개당 30㎏ 이하 ■ 택배사업 관련 시설 등의 기준
1991. 12.06	■ 소화물일관수송사업자 허가	■ ㈜한진, 제1호 택배사업 허가 취득	
1993. 08.30	■ 자동차운수사업법 시행령 개정·공포('98.1.1 시행)	■ 택배사업자 진입자격 추가 확대	■ 전국화물
1997. 04.10	■ 기업활동규제완화에 관한 특별조치법 개정	■ 택배사업에 관한 규제 완화 조치	■ 택배사업의 허가제 폐지 ■ 택배운임 및 요금 신고제 폐지
1997. 08.30	■ 화물자동차운송사업법 제정(시행 '99.7.1)	■ 택배사업 관련 조항 삭제·폐지	■ 자동차운수사업법을 여객과 화물자동차운수사업법으로 분리 ■ 화물자동차운송사업을 전면 등록제로 전환
2004. 01.20	■ 화물자동차운송사업 등록제 폐지, 허가제 전환	■ 화물자동차의 과잉공급 해소 목적	■ "건설교통부장관은 화물의 운송수요를 감안하여 사업별, 업종별로 고시하는 공급기준에 적합"하는 경우 허가하거나 증차토록 규정
2012. 04.13	■ 2012년 택배용 화물차 공급기준 확정·고시	■ 허가 신청 대상은 최대적재량 1.5톤 미만 밴형 화물자동차	
2012. 12.06	■ 화물자동차운수사업법 시행규칙 개정·시행	■ 사업용 택배차량 공급 목적 (택배사업자의 시설 및 장비기준과 택배차량 허가 신청 서류를 국토해양부장관이 정하여 고시하도록 함)	
2012. 12.12	■ 화물의 집화.배송 관련 화물차운송사업 허가요령 제정·고시	■ 17개사를 택배사업자로 선정	
2013.02.15	■ '13년도 화물의 집화.배송 관련 신규 허가대수 고시	■ 최대적재량 1.5톤 미만 밴형 화물자동차의 신규 허가대수는 총 13,500대 이내로 함(→11,200대 허가)	
2014.08.21	■ '14년도 화물의 집화.배송 관련 신규 허가대수 고시	■ 최대적재량 1.5톤 미만 밴형 화물자동차의 신규 허가대수는 총 12,000대 이내로 함(→10,222대 허가)	
2016.02.25	■ '16년도 화물을 집화·분류·배송하는 형태의 운송사업자 신청 공고	■ 택배용 화물차 3,390대 증차 추진 계획 발표	

택배업 법제화 시기(1991~1997)의 법체계

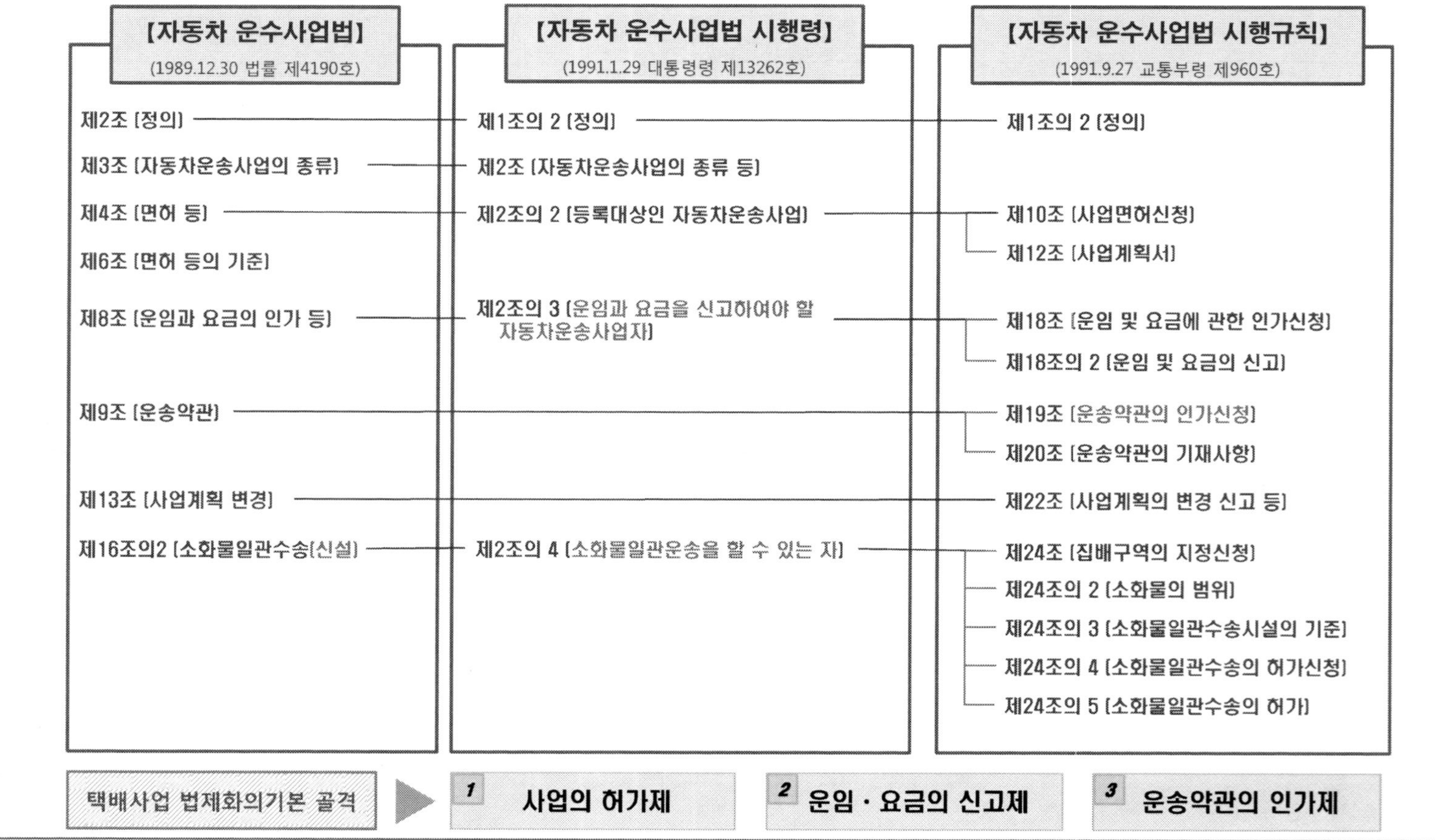

2000년 이후 국내택배시장 법제도의 변화

우체국, 방문소포서비스 개시(1999.8)

- 2001.3, 방문소포를 우체국택배(KPS, Korea Parcel Service)로 브랜드명 변경
- 정보통신부 관할 우정사업 기능을 담당하는 우정사업본부 출범(2000.7.1)

공정거래위원회, 택배표준약관 제정 및 시행(2001.9.1)

- 택배표준약관 개정 및 퀵서비스 표준약관 제정(2001.7.11) · 시행(2001.9.1)
- 택배표준약관 개정(2007.12.28) 및 시행(2008.1.1)

화물자동차운수사업 허가제(신규차량 증차 제한 조치) 도입(2004.4.21)

- 건설교통부는 2004.1.20 개정·공포된 화물자동차운수사업법을 시행하는 데 필요한 세부규정을 마련하여 동법 시행령 및 시행규칙 개정 공포(2004.4.21)

우체국택배에 대한 부가가치세 과세(2005.1.1)

- 우체국의 택배사업은 부가세가 과세되지 않아 민간 택배사와의 가격 경쟁력에서 우위를 차지하는 등의 문제가 있으며 조세의 형평성에 어긋남에 따라 우체국 택배용역 등을 부가가치세 과세로 전환

한국철도공사, 철도소화물사업 폐지(2006.5.1)

- 1973년부터 대한통운㈜에 위탁하여 서비스를 제공하던 철도소화물사업은 택배시장의 급성장에 따른 지속적인 경영적자로 인해 사업 폐지

건설교통부, 용달 · 택배간 상생 · 협력을 위한 전략적 제휴센터 설립 · 운영(2006.6.7)

- 화물운송시장에서 과잉공급된 용달화물자동차를 활용, 택배용 차량의 부족문제를 해소하기 위해 「용달·택배간 **相生·協力**을 위한 전략적 제휴센터」운영

- 2007.04, 제1차 용달차량 택배전환사업 실시(505대 택배 전환)
- 2010.05, 제2차 용달차량 택배전환사업 실시

64

2000년 이후 국내택배시장 법제도의 변화

택배차량 일시 주정차를 허용하는 도로교통법 일부 개정안" 국회 통과(2007.11.23)

- 도로교통법 제34조 제2항 신설(정차 또는 주차를 금지하는 장소의 특례)
- 제32조제6호 또는 제33조제4호에 따라 정차 또는 주차가 금지된 장소 중 지방경찰청장이 안전표지로 구역.시간.방법 및 차의 종류를 정하여 정차 또는 주차를 허용한 곳에서는 제32조제6호 또는 제33조제4호에 불구하고 정차 또는 주차할 수 있다. [본조신설 2007.12.21] (시행일 2008.6.22)

영업용 화물자동차 증차제한 조치 2008년까지 1년 연장(2007.12.17)

- 건교부 공급기준심의위원회, 2008년 12월말 기준 영업용차량 공급과잉 대수를 11,000대로 추정
- 예외로 신규공급이 허용되었던 냉장냉동차량 및 구난차량도 공급동결

공정거래위원회 , 택배표준약관 개정 및 퀵서비스 표준약관 제정(2007.12.28)

- 택배 손해배상한도액 인상 : 50만원 → 300만원
- 운송장에 운송물 가액을 기재하지 않은 경우 손해배상 한도액 : 50만원
- 수탁거절 가능 금액 : 운송물 가액이 박스당 300만원을 초과하는 경우

택배차량을 포함한 1.5톤 이하 소형화물차량에 대한 이면도로의 주정차 허용(2008.6.22)

- 주,정차 허용 시간은 오전 10시부터 오후 5시까지로 출퇴근 시간은 제외. 1회 주차 때마다 최대 15분씩 허용.
- 이면도로는 원칙적으로 전면 허용하되, 주,정차로 말미암아 중앙선 침범 사고 발생 우려가 있는 도로는 제외.
- 왕복 2차선과 포켓 차로가 설치된 구간, 한 차선은 편도이고 반대 차선은 2차선 이상인 편도차선이 이에 해당함

강기갑의원, 이륜차 특송 서비스 법제화 추진 법안 발의(2011.2.1)

- "이륜자동차를 사용하는 운송업인 퀵서비스가 제도권에서 방치되고 있다"며 "퀵서비스가 화물운수법 적용을 받게 하는 개정안을 발의
- 국토해양부는 "이륜자동차를 화물운수법 적용대상으로 추가시키면 불필요한 규제가 될 수 있다"며 반대

국토부, 택배기사 근로여건 개선을 위한 종합 대책 발표 (2011.7.7)

- "이륜자동차를 사용하는 운송업인 퀵서비스가 제도권에서 방치되고 있다"며 "퀵서비스가 화물운수법 적용을 받게 하는 개정안을 발의
- 국토해양부는 "이륜자동차를 화물운수법 적용대상으로 추가시키면 불필요한 규제가 될 수 있다"며 반대

2000년 이후 국내택배시장 법제도의 변화

정통부, 국가 독점의 서신송달업을 민간에 개방 · 시행(2012.3.15)

- 정통부, 우편법 일부 개정을 통해 신서를 서신으로 변경하고 서신에 대한 개념의 명확화
- 국가의 우편독점권 범위를 우편물의 중량과 요금기준으로 완화, 민간사업자가 우편시장에 참여할 수 있는 기준 마련
- 민간사업자에 대한 서신송달업의 신고제로 전환 시행(2012.3.15)

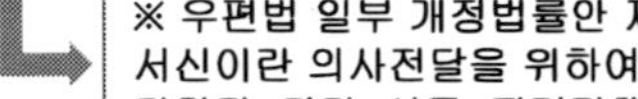

※ 우편법 일부 개정법률안 제1조2(정의)
서신이란 의사전달을 위하여 특정인이나 특정 주소로 송부하는 것으로서 문자 · 기호 · 부호 또는 그림 등으로 표시한 유형의 문서 또는 전단을 말한다. 다만, 신문, 정기간행물, 서적, 상품안내서 및 정보통신부령으로 정하는 것은 제외한다.

고용노동부, 택배기사 및 퀵서비스 기사의 산재보험 적용 실시(2012.5.1)

- 고용노동부,「산업재해보상보험법 시행령」개정을 통해 택배기사 등 특수형태근로종사의 산재보험 적용(2015.5.1 시행)

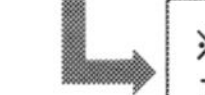

※ 특수형태근로종사자: 계약의 형식에 관계없이 근로자와 유사하게 노무를 제공함에도 불구하고「근로기준법」등이 적용되지 아니하여 업무상 재해로부터 보호할 필요가 있는 자로서, 적용 대상은 보험설계사, 콘크리트 믹서트럭운전자, 학습지 교사, 골프장 캐디 등 4개 직종

국토해양부, 사업용 택배차량 공급을 위한 화물자동차운수사업법 시행규칙 개정 및 시행(2012.12.7)

- 현재 운행 중인 자가용 차량을 사업용 차량으로 전환하기 위한 허가 및 사후관리 방안을 규정하고 있음

①택배형태의 운송사업을 영위하기 위해 갖추어야 할 시설 및 장비기준(5 이상의 시.도에 총 30개 이상의 영업소, 3개소 이상의 택배화물 분류시설, 100대 이상의 집.배송 차량 확보 등)을 설정하여, 이를 충족하고 있는 화물자동차 운송사업자를 택배사업자로 인정하도록 함.
②택배사업자 또는 영업소 운영자에게 소속되어 집화.배송업무를 수행하고 있는 위.수탁차주 및 자가용 운전자를 구체적 허가신청 대상자로 규정.
③허가신청 대상자가 허가를 신청하기 위해서는 택배사업자 또는 영업소 운영자에게 소속되어 택배화물의 집화.배송 업무를 수행하고 있음을 증명하는 서류, 물량 계약서, 교통사고 경력 증명 서류 등을 추가로 제출하여야 함.

감사원, 국토해양부 감사(2012.12.12)

- 국토해양부장관은 택배산업의 특성을 반영, 효율적이고 합법적인 택배시스템이 정착되도록 "화물자동차운수사업법" 등을 합리적으로 개정하라고 통보

화물의 집화·배송 관련 화물자동차 운송사업 공급기준 및 허가 요령 제정 및 시행(2012.12.12)

- 화물의 집화·배송 관련 화물자동차 운송사업 공급기준 및 허가 요령 제정 및 시행[국토교통부고시 제2012-898호, 2012.12.12, 제정/시행]

2000년대 이후 국내택배시장 법제도의 변화

국토해양부, 화물을 집화.분류.배송하는 형태의 운송사업자 신청 공고(2012.12.12)

- 「화물의 집화.배송 관련 화물자동차 운송사업 공급기준 및 허가 요령(국토해양부 고시 제2012-898호)」 제3조제1항에 따른 화물을 집화.분류.배송하는 형태의 운송사업자 시설 및 장비기준 충족 여부 확인 및「2012년도 화물자동차 운수사업 공급기준 고시(국토해양부 고시 제2012-192호)」에 따른 허가대수 산정을 위한 관계 서류의 제출기한, 제출방법, 구체적 서류내용 등을 공고

※ 배번호판 배정내역
2013년도 : 11,200대(개인)
2014~2015년도 : 10,224,대(개인 9,563대, 법인 661대)
2016년도(계획) : 3,407대

서울시, 여성안심 무인택배함 보급 개시(2013.6)

- 서울시, 총 190개소(3,760칸) 설치 운영 중(2018년 1월 기준)
- 총 누적 이용건수 1157,862건

국토해양부, 택배산업서비스평가제도 도입 및 결과발표(2014.11.26)

- 전국적인 택배서비스를 제공하는 17개 국내 택배사('14.9.2, 국토부 고시) 를 대상으로 서비스 평가제도 도입 실시
- 택배 서비스평가 공정성 확보를 위한 "화물운송서비스(택배) 평가업무 지침" 제정(2015.9)

국토부, 500인 이상 거주 공동주택에 무인택배함 설치 의무화(2014.8.13)

- 국토부, '제119차 가정방문서비스 안전대책 관련 안전정책조정 실무회의에서 500명 이상 거주 공동주택에 무인택배함 설치공간을 두도록 제도화, 주민자치센터·주차장 등을 무인 택배함 설치공간으로 활용하는 '공동거점형 택배' 시범사업 예정
  → 국토부는 이를 위해 관련 내용이 담긴 '건축물의 범죄 예방 설계에 관한 고시' 개정 예정(2014.12)
- 안행부, 서울시 등 일부 지자체가 시행 중인 무인 택배함을 전국으로 확산하기 위해 '무인 택배함 설치·운영 가이드라인' 마련 및 예산지원 예정

서울시, 자가용 유상운송 행위 신고포상금제 시행(2015.1.1)

- "서울특별시 화물자동차 운수사업법 위반행위 신고포상금 지급조례" 시행(2015.1.1)
- 위반행위별 1건당 10만원~20만원 지급, 동일 신고자는 한 달 100만원, 연간 600만원으로 포상 한정

2000년대 이후 국내택배시장 법제도의 변화

국토부, '화물운송시장 발전방안' 발표(2016.8)

①업종개편
②집입규제 개선 → 1.5t 화물차 증차 규제를 풀기로 하는 내용을 골자로 한 운수사업법 개정(국회 계류 중)
③지입제 개선

환경부, 택배·퀵 이륜차도 2년마다 정기검사 의무화(2017.3)

- 환경부, '이륜차 정기검사 업무처리지침' 지자체에 시달(2017.3)

서울시 노원구, 신축 다가구주택의 무인택배함 설치 의무화 규정 제정(2017.3.9)

- 서울 노원구, 2017년부터 신축하는 다가구주택, 도시형생활주택 등 건축물에 무인택배함을 설치하여야만 건축허가를 내주도록 규정화
- 무인택배 보관함은 가구 수(원룸형은 방 개수)의 50% 이상, 최대 4단 2열(8개함) 설치해야 함

우정사업본부, 우편물 배달조항 특례" 조항 신설 무산(2017.4)

- 우정사업본부, 우편법 시행령 개정안에 아파트나 오피스텔 등의 공동주택에 거주하는 수취인의 신청이나 동의를 받아 경비실이나 관리사무소에 우편물을 배달할 수 있도록 하는 '우편물 배달의 특례' 조항을 신설코자 했으나 무산

2018년도 최저임금 인상금액 확정(2017.7)

- 2018년 최저임금 6,470 → 7,530원(+16.4%)으로 인상(최저임금위원회, 2017.7.15)

김두관의원, 공동주택에 무인택배함 설치법 발의(2017.7)

- 아파트 등의 공동주택에 무인택배함을 설치할 수 있도록 하는 '주택법'과 '공동주택관리법' 일부개정안 대표 발의(2017.7)

서울교통공사, 서울시 '택배 지하철' 도입 검토(2017.9)

- 서울교통공사와 CJ대한통운, '지하와 지상을 연결하는 도심물류 플랫폼 구축 연구'를 추진하기 위한 업무협약 체결(2017.9.11)
- http://imnews.imbc.com/replay/2017/nwdesk/article/4407172_21408.html

2000년대 이후 국내택배시장 법제도의 변화

노동부, 택배노조 설립 허가(2017.11.3)

- 노동부, 택배노조설립 인가필증 발부(2017.11.3)
- 택배 노동자들의 단결권·단체교섭권·단체행동권 등 노동자의 기본권 확보

국토부, '택배서비스 발전방안' 발표(2017.11.28)

- 택배기사 표준계약서 마련
- 실제 택배요금 신고제 도입 등

국토부, 2017년 택배서비스 평가 결과 발표....신속성 평가항목서 당일배송 제외(2017.11.23)

- 2016년도 대비 2017년도 택배서비스 평가는 기사 처우 수준과 직영 차량 비율 등 두 항목의 평가 가중치가 높아졌음
- 2017년 조사는 신속성 평가 내 당일배송 평가항목이 택배기사의 근로조건을 악화시키는 요인으로 판단, 평가항목에서 제외함

화물의 집화.배송 관련 화물차운송사업 허가요령 제정 및 개정 경위

"화물의 집화·배송 관련 화물자동차 운송사업 공급기준 및 허가 요령" 제정

- 시행 2012.12.12.] [국토해양부고시 제2012-898호, 2012.12.12., 제정]

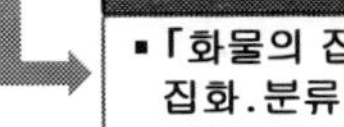

"화물을 집화.분류.배송하는 형태의 화물자동차 운송사업자 공고 [국토해양부공고 제2013-42, 2013.1.16]

- 「화물의 집화.배송 관련 화물자동차 운송사업 공급기준 및 허가 요령(국토해양부 고시 제2012-898호)」 제3조제2항에 따라 화물을 집화.분류.배송하는 형태의 운송사업자가 갖추어야 할 시설 및 장비기준을 충족하고 있는 화물자동차 운송사업자 17개 업체 선정
- 경동, 고려, 대신, 동부, 동진, 로젠, 성화, 일양, 용마, CJGLS, CJ대한통운, KGB, KG옐로우캡, 천일, 한국택배협동조합, 한진, 현대

"화물의 집화·배송 관련 화물자동차 운송사업 공급기준 및 허가 요령" 일부 개정

- 시행 2013.4.26.] [국토교통부고시 제2013-207호, 2013.4.26., 일부 개정]

"화물을 집화.분류.배송하는 형태의 화물자동차 운송사업자 공고 [국토교통부 공고 제2014-1113호, 2014.9.2]

- 「화물의 집화.배송 관련 화물자동차 운송사업 공급기준 및 허가 요령(국토교통부 고시 제2014-534호)」 제3조제2항에 따라 화물을 집화.분류.배송하는 형태의 운송사업자가 갖추어야 할 시설 및 장비기준을 충족하고 있는 화물자동차 운송사업자 17개 업체 선정
- 경동, 고려, 대신, 동부, 동진, 로젠, 성화, 일양, 용마, CJ대한통운, KGB, KG옐로우캡, 천일, 한국택배협동조합, 한진, 합동, 현대

※ CJGLS와 CJ대한통운 합병으로 CJ대한통운, 합동택배 신규 선정

"화물의 집화·배송 관련 화물자동차 운송사업 공급기준 및 허가 요령" 일부 개정

- 시행 2014.9.2.] [국토교통부고시 제2014-534호, 2014.9.2., 일부 개정]

"화물의 집화·배송 관련 화물자동차 운송사업 공급기준 및 허가 요령" 일부 개정

- 시행 2016.4.8.] [국토교통부고시 제2016-167호, 2016.4.8., 일부 개정]

화물의 집화.배송 관련 화물차운송사업 허가요령

"화물의 집화·배송 관련 화물자동차 운송사업 공급기준 및 허가 요령" 중 시설 및 장비 기준(제3조제1항 관련)

구 분	기 준
시설 기준	(1) 영업소(화물을 집화·분류·배송하는 형태의 운송사업을 경영하기 위한 것에 한한다) 5 이상의 시.도에 총 30개소 이상의 영업소를 갖출 것. 다만, 다른 화물자동차 운송사업자와 1년 이상의 업무협약을 통해 상호 연계 수송하는 경우 공동으로 사용하는 영업소는 자기가 갖춘 것으로 본다. (2) 화물 분류시설 시.도 간 배송되는 물량을 수용할 수 있도록 화물분류 및 일시보관이 가능한 시설을 3개소 이상(면적 3,000 이상의 시설 1개소 이상) 확보할 것. 다만, 다른 화물자동차 운송사업자와 1년 이상의 업무협약 등을 통해 공동으로 사용하는 화물 분류시설은 자기가 갖춘 것으로 본다. (3) 화물 취급소 화물의 상.하차 및 보관에 필요한 수만큼 설치하되 영업소 수 이상 설치할 것 (4) 전산망 시설 화물추적 및 운송 네트워크 관리가 가능한 수준으로 주사무소와 영업소, 화물 분류시설, 화물취급소 간을 연결하는 화물운송전산망을 설치할 것.
장비 기준	최대적재량 1.5톤 미만의 밴형 화물자동차(일반형.특수용도형 화물자동차 중 탑장착 화물자동차를 포함)로서 화물의 집화.배송에 사용할 수 있도록 화물자동차 운송사업 허가를 받은 차량을 100대 이상 확보할 것. 다만, 다른 화물자동차 운송사업자의 차량을 이용하기로 1년 이상 계약을 맺고 해당 차량이 화물을 집화·분류·배송하는 형태의 운송사업에만 이용되는 경우는 차량을 확보한 것으로 본다.

"화물의 집화·배송 관련 화물자동차 운송사업 공급기준 및 허가 요령" 중
허가 신청자의 허가 우선순위 산정을 위한 계산식(제5조제1항 관련)

구 분	기 준
평가항목 및 배점	1. 면허경력(25점) : 면허취득일로부터 운전면허를 보유한 기간 **o 면허경력 7년(84개월)을 만점으로 한다(7년을 초과한 경우도 7년으로 인정)** 2. 무사고 경력(35점) : 이 고시 시행일 이전 5년 이내 발생시킨 교통사고 건수 **o 이 고시 시행일 이전 5년 이내 발생시킨 교통사고 건수가 0건인 경우 만점으로 한다** **※ 사망사고 1건 당 15점, 중상사고 1건 당 10점, 경상사고 1건 당 5점, 부상사고 1건 당 2점씩 차감하되, 최대 차감점수는 35점으로 한다.** 3. 교통법규 준수(40점) **o 이 고시 시행일 이전 5년 이내 교통법규 위반 건수가 0건인 경우 만점으로 한다.** **※ 교통법규 위반 1회당 3점씩 차감하되, 최대 차감점수는 40점으로 한다.**
측정 계산식	$\text{허가신청자의 점수} = \left\{25\text{점} \times \frac{\text{면허경력(개월)}}{84\text{개월}}\right\}$ $+ \left\{35\text{점} - \sum(\text{교통사고 유형별 건수} \times \text{교통사고 유형별 차감점수})\right\}$ $+ \left\{40\text{점} - \sum(\text{교통법규 위반} \times \text{교통법규 위반차감점수}\right\}$

※ 비 고

1. 면허경력 산정 시 1개월을 채우지 못한 월의 경우 15일 이상 종사한 경우는 1개월 간 종사한 것으로 본다.

2. 화물을 집화.분류.배송하는 형태의 운송사업자와 향후 운송물량 계약을 한 경우 그 기간에 따라 가점을 부여한다. 이 경우 장래운송물량 확보기간 또는 전속운송계약 기간 1년(12개월)을 만점으로 최대 12점의 가점(1년을 초과한 경우 1년으로 인정)을 부여하며, 운송물량 확보기간이 1개월씩 줄어들 경우 만점에서 1점씩 차감한다.

3. 측정계산식에 따라 동점자가 발생한 경우에는 화물을 집화.분류.배송하는 형태의 운송사업 이외의 화물자동차 운송사업 분야에 종사한 경력이 많은 순서로 우선순위를 산정하고, 해당 경력까지 동일한 경우 면허경력, 무사고경력이 높거나, 교통법규 위반 건수가 적은 순으로 우선순위를 결정한다. 이 경우에도 동점자가 발생하는 경우는 동점자간 추첨으로 우선순위를 결정한다.

쿠팡의 로켓배송 위법 논란 경위

2014.3.	▪ 쿠팡, 로켓배송 서비스(쿠팡 직원이 택배 업체를 이용하지 않고 24시간 안에 고객에게 상품을 배달해주는 서비스) 개시
2015.1	▪ 물류협회, 국토부에 쿠팡 '로켓배송' 서비스에 대한 화물자동차운수사업법 위반 여부 조사 요청
2015.4	▪ 국토부, 쿠팡 로켓배송에 대한 위법성 검토 결과 화물자동차운수사업법 56조에 저촉되는 부분이 있다고 유권해석, 쿠팡측에 시정권고조치
2015.5	▪ 쿠팡, 국토부의 시정권고조치에 따라 기존 9800원 이상인 제품만 무료배송을 하고, 그 이하일 땐 2500원의 배송비를 받았으나 '배송비를 받으면 위법'이라는 국토부 해석을 받아들여 배송비가 무료인 9800원 이상인 제품만 직접 배송을 하기로 시정 조치
2015.5	▪ 물류협회, 전국 관할관청(21개 자자체)에 쿠팡이 사업자 등록을 하지 않고 택배 사업을 영위하고 있다는 내용의 고발장 제출
2015.6	▪ 강남구청, 법제처에 로켓배송이 화물자동차 운수사업법 위반여부에 대한 유권해석 요청
2015.9	▪ 서울 북부지검과 부산/광주지검, 통합물류협회의 고발관련 무혐의 처분
2015.10	▪ 물류협회, 쿠팡을 상대로 로켓배송 자가용 유상운송에 대한 행위금지 가처분 신청(서울중앙지법)
2016.1	▪ 법제처 법령해석심의위원회, 로켓배송이 화물자동차 운수사업법 위반여부에 대한 유권해석 요청 반려

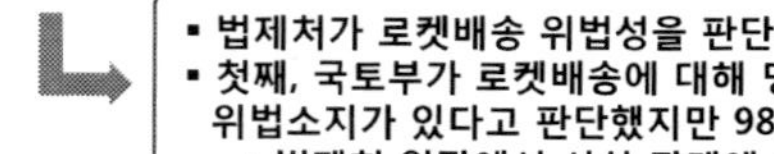

▪ 법제처가 로켓배송 위법성을 판단하지 못한 이유는
▪ 첫째, 국토부가 로켓배송에 대해 명확한 결론을 내지 못한 측면이 컸음. 즉, 국토부는 2015년 3월 쿠팡이 9800원 미만 제품을 배송할 때 받는 배송비는 위법소지가 있다고 판단했지만 9800원 이상 무료배송에 대해 판단하지 않았음.
→ 법제처 입장에서 사실 관계에 따라 달라질 수 있는 사안에 대해 법리적 판단을 내리기 힘들다는 것.
▪ 둘째 로켓배송 해석에 대한 범주가 컸던 점. 법제처 입장에서는 로켓배송의 위법성을 판단하면서 전체 통신판매업자의 유상운송과 무상운송의 경계에 대한 판단이 필요한데 이를 규정하는 것이 쉽지 않았다는 것임

2016.2	▪ 법원, "물류협회의 쿠팡 로켓배송 자가용 유상운송에 대한 행위금지 가처분 신청 기각
2016.5	▪ 물류협회, 쿠팡의 로켓배송에 대해 화물자동차 운수사업법 위반 혐의로 서울중앙지법과 서울중앙지검에 각각 민·형사 소송 제기
2017.7	▪ 서울중앙지법, 물류협회 소속 10개 업체가 쿠팡을 상대로 낸 운송금지 등 청구 소송에서 원고 패소로 판결(1심)

▪ 재판부는 "판매자가 필요에 따라서 상품을 운송하는 행위는 화물자동차법에서 말하는 '화물자동차 운송사업'에 해당하지 않는다"고 판단
▪ 재판부는 "쿠팡과 협력사의 계약 내용 등에 비춰볼 때 형식상의 구매계약이라고 보기 어렵다"며 "실제로 쿠팡이 협력사들에서 상품을 구매해 고객들에게 판매하는 것으로 보인다"고 설명

2017.9	▪ 법원은 1심에서 쿠팡의 자체배송 시스템인 로켓 배송이 무상 운송이라며 쿠팡의 자체 운송사업을 인정하였으나 택배업계(물류협회)는 쿠팡이 반송비를 받고 있어 유상 운송이라며 1심 판결에 불복 항소

국내택배 최근 이슈

- 택배사별 동향
- 노동환경의 변화
- 무인택배함
- 편의점택배
- 실버택배
- 택배사 라스트마일 전략
- 유통업계 배송속도전

2017년 국내택배업체 동향

KG 이니시스의 KG 로지스택배 매각(2017.10)

- KG로지스 대리점주 연합법인에 매각

편의점업체, 편의점 택배 론칭

- CJ대한통운
- 우체국택배, 전남 고흥에서 드론 택배 시연 성공(2017.11.28)

택배3사, 퀵서비스와 업무제휴로 라스트원마일 배송 서비스 강화

- CJKE --------→ 매쉬코리아(부르릉)
- 한진택배-----→ 원더스
- 롯데택배-----→ 고고밴

드론택배 실증 실험

- CJ대한통운
- 우체국택배, 전남 고흥에서 드론 택배 시연 성공(2017.11.28)

전기택배차 도입 시험

- CJ대한통운
- 우체국택배, 집배원용 전기차 50대 2018년 3월부터 시범운영

실버택배, 발달장애자 택배 일자리 확대

- CJKE, ㈜실버종합물류 설립('13.7), www.silvertotal.co.kr
- 우체국택배
- 한진택배

우체국택배

- 우본, 우체국택배 근로시간 단축...근로개선 33개 안건 추진
- 우체국 집배원 93% "토요택배 폐지해야"...집배노조, 주5일제 시행 촉구

국내 노동시장 환경 변화

1 최저임금 인상

- 2018년 최저임금 6,470 → 7,530원(+16.4%)으로 인상(최저임금위원회, 2017.7.15)

2 비정규직의 정규직 전환

- 2020년까지 정규직 전환되는 공공부문 비정규직 20만5천명
  ☞ 현재 중앙행정부처·공공기관·지방자치단체·교육기관 853곳에서 근무하는 비정규직은 전제 종사자 217만명 중 41만6천명(9.2%)

3 근로시간 단축

- 현행 최장 주 68시간에서 52시간으로 단축
  ☞ 300인 이상 사업장(2018.7~)
  ☞ 50~299인 사업장(2020.1~)
  ☞ 5~49인 사업장(2021.7~)

- 임금 감소 : 평균 13.1% 감소
- 기업의 추가 부담 비용 : 12조3천억원/년(한국개발연구원)

4 법인세 인상

- 과표 3,000억원 초과 구간 신설 22% → 25%

- 미국 법인세 현행 35% → 21%로 조정
- 미국 개인소득세 최고세율 39.6% → 38.5%

5 소득세 인상

- 연간소득 3억~5억원 38% → 40%
- 연간소득 5억원 초과 40% → 42%

5 통상임금

- 2012년 3월, 대법원은 정기상여금과 근속수당도 통상임금 산정에 포함해야 한다고 판결 이후 경제계 뜨거운 감자로 부상
- 기아자동차 통상임금 1심 소송에서 패소(2017.8.31) → 기아차 부담금액 약 1조원

국내 노동시장 환경 변화 - 택배·물류사업장 80% 노동법 위반 적발

- 고용노동부는 2016년 9월부터 12월까지 택배·물류 업종의 사업장 250개소에 대해 근로감독을 실시
- 202개소 사업장에서 총 558건의 노동관계법(근로기준법, 파견법 등) 위반사례 적발

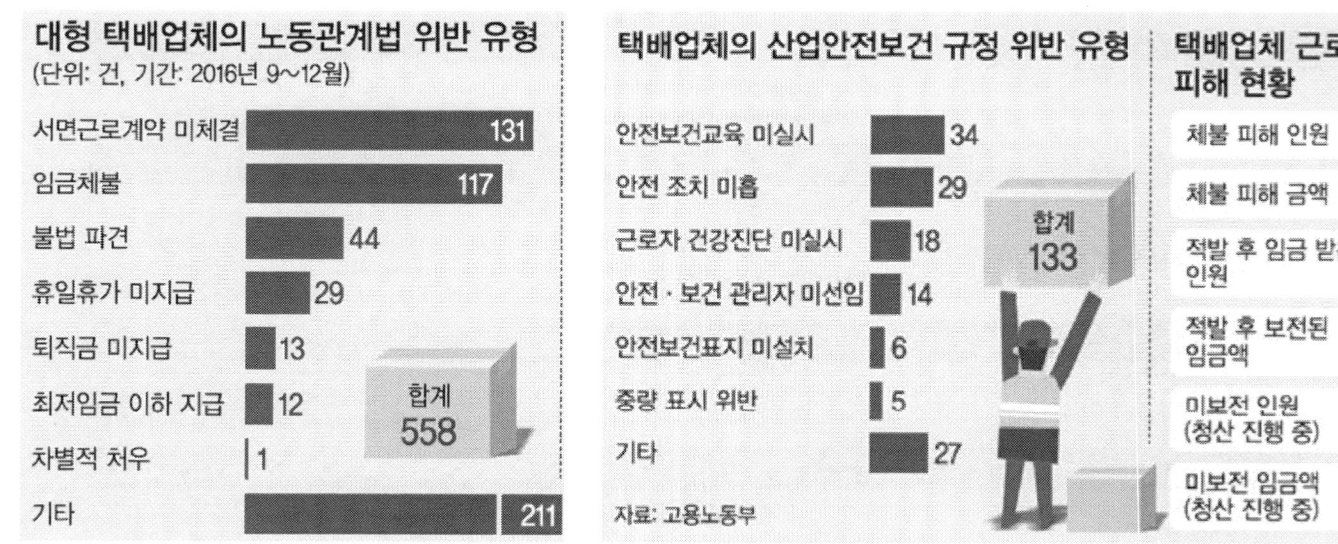

무인택배함 이슈 분석

1 지자체별 여성안심택배함 설치 확산

- 서울시 2018년 1월 기준 총 190개소(3,760칸) 설치 운영중
- 총 누적 이용건수 1157,862건

2 김두관 의원, 공동주택에 '무인택배함 설치법' 발의(2017.7.27)

- 아파트 등의 공동주택에 무인택배함을 설치할 수 있도록 하는 '주택법'과 '공동주택관리법' 일부개정안을 대표 발의

3 서울시 노원구, 신축 다가구주택의 무인택배함 설치 의무화 규정 제정(2017.3)

- 서울 노원구는 2017년 3월 9일 안전한 주거환경을 만들기 위해 2017년부터 신축하는 다가구주택, 도시형생활주택 등 건축물에 무인택배함을 설치하여야만 건축허가를 내주도록 규정화
- 무인택배 보관함은 가구 수(원룸형은 방 개수)의 50% 이상, 최대 4단 2열(8개함) 설치해야 함

4 홈쇼핑, 전자상거래업체, 온라인 서점 등 무인택배함 설치 확산

- 이베이코리아, GS25, 예스24 등 무인택배함 설치 확산

5 한진택배, 부재중 안심 택배 서비스 도입화(2017.7)

- 한진은 위탁배송 관련정보를 고객에게 실시간 자동 전송하는 시스템을 업계 최초로 도입, 제공
- 택배 배송출발 메시지를 받은 고객은 경비실, 무인택배함 등의 위탁장소를 선택할 수 있으며 배송기사가 고객이 원하는 장소에 상품을 위탁한 후 상품의 상태 및 관련상황을 사진 촬영하면 배송기사의 업무용 앱을 통해 자동으로 고객에게 사진과 메시지가 발송

무인택배함 이슈 분석

서울 노원구 다가구주택 등에 '무인 택배함' 설치

- 서울 노원구는 2017년 3월 9일 안전한 주거환경을 만들기 위해 올해부터 신축하는 다가구주택, 도시형생활주택 등 소규모 주거용 건축물에 무인 택배함을 설치하도록 한다고 밝혔다.
- 주 출입구 인근에 스탠드형 무인택배함 계획이 있어야 건축허가를 내줄 계획이다. 또, 준공 전에 설치를 끝내 사용승인시 사진을 내도록 한다.
- 무인 택배 보관함은 가구 수(원룸형은 방 개수)의 50% 이상, 최대 4단 2열(8개함) 설치해야 한다.
- 무인 택배함은 택배 기사가 보관함에 물건을 두고 임시 비밀번호를 입력한 후 수령인의 휴대전화 문자로 보관함 번호와 비밀번호를 알려주는 방식이다. 여성 등이 택배기사를 대면하지 않아도 되고 관리인이 없는 주택에서도 택배를 받을 수 있다.

김두관 의원, 공동주택에 '무인택배함 설치법' 발의

- 김두관 의원은 2017년 7월 27일 아파트 등의 공동주택에 무인택배함을 설치할 수 있도록 하는 '주택법'과 '공동주택관리법' 일부개정안을 대표 발의했다.
- 이번 법안은 최근 아파트 등에서 택배와 관련한 범죄 및 분쟁 발생이 증가하는 문제를 해결하기 위한 법안으로, 신규로 아파트 등의 공동주택을 건설하는 사업체는 무인택배함을 설치하도록 하고, 기존 무인택배함이 설치되지 않은 공동주택의 경우 입주자 대표회의의 의결을 거쳐 무인택배함을 설치할 수 있도록 하는 규정을 신설하는 것이 핵심 내용이다. 기존의 공동주택에 무인택배함을 설치하고자 할 경우 그 비용은 장기수선충당금 적립비용으로 활용할 수 있도록 하는 내용도 담겼다.

우체국 택배, 부재시 경비실보관 법적근거 마련한다(2017.3.29)

- 우체국 택배나 등기물 배송할 때 수취인 부재시 아파트나 오피스텔 등 공동주택의 경우 관리사무소나 경비실에 우편물을 맡길 수 있도록 법개정이 추진된다.
- 29일 정부에 따르면 미래창조과학부 우정사업본부는 4월에 이 같은 내용을 담은 '우편법 시행령' 개정안을 내놓을 예정이다.
- 개정안의 골자는 주택법상 공동주택에 거주하는 수취인이 일시부재일 경우 수취인의 신청이나 동의를 받아 공동주택 관리사무소나 경비실에 우편물을 배달할 수 있도록 하는 '우편물 배달의 특례' 조항을 신설한다.
- 현행 우편법 시행령 제43조(우편물 배달의 특례)에는 우편물의 표면에 기재된 곳 외에 배달할 수 있는 예외조항이 없다. 이에 따라 아파트나 오피스텔 같은 공동주택의 관리사무소, 경비실 등에 배달할 수 있도록 특례조항을 마련하겠다는 것이다.

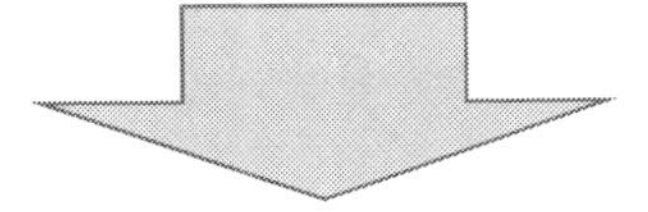

'경비원 택배 대리수령 의무화' 입법, 논란 끝에 폐기

(주택관리 업계의 반발로 무산)

무인택배함 이슈 분석

한진택배, 부재중 '안심택배서비스' 강화한다(2017.7.7)

- 한진은 택배 고객서비스 강화를 위한 신규 제도를 도입한다고 7일 밝혔다.
- 한진에 따르면 최근 1인 가구 증가 및 부재 시 고객 요청에 따른 위탁 배송 사례가 증가하며 고객에게 상품을 직접 전달하는 대면 배송률은 20% 이하인 것으로 확인됐다.
- 이에 따라 한진은 위탁배송 관련정보를 고객에게 실시간 자동 전송하는 시스템을 업계 최초로 도입, 오는 10일부터 해당 서비스를 제공한다.
- 택배 배송출발 메시지를 받은 고객은 경비실, 무인택배함 등의 위탁장소를 선택할 수 있으며 배송기사가 고객이 원하는 장소에 상품을 위탁한 후 상품의 상태 및 관련상황을 사진 촬영하면 배송기사의 업무용 어플리케이션(Application)을 통해 자동으로 고객에게 사진과 메시지가 발송된다.
- 앞으로 택배 이용 고객들은 배송지 부재 등 직접 택배를 받을 수 없는 상황에서도 상품 분실에 대한 불안감 없이 안심하고 택배 서비스를 이용하게 될 것으로 기대된다.

무인택배함 이슈 분석

- 무인택배함은 택배화물을 배달하는 사람과 받는 사람, 보내는 사람과 접수하는 사람이 직접 만나지 않더라도(non-face to face) 택배물류 서비스가 일어날 수 있게 시간 및 공간적 제약을 완화시켜줄 수 있는 기술임.
- 비밀번호를 이용하거나 앱 등을 이용하여 택배화물에 아무나 접근할 수 없도록 보안 기능을 갖추고 있으며, 24시간 이용이 가능한 장점이 있어 택배 및 유통 물류에 새로운 솔루션으로 많이 활용되기 시작함.

이베이코리아와 GS25의 '스마일박스'

- GS25는 전국 11,223개 매장(2017년 3월말 기준)을 운영 중.
- '16년부터 이베이코리아(G9, G마켓, 옥션)에서 스마일박스관 운영 중이며, GS25의 스마일박스 매장을 확대하고 있음.
- 한편, GS샵은 전국 지자체와 협력해 도서관, 지하철, 공영주차장 등에 위치한 무인택배 보관함을 통한 픽업서비스를 운영

자료 : MNB, 2017.5.6; CNB JOURNAL, 2017.5.1; 서울특별시청 홈페이지

여성안심택배함

- '13년부터 서울시는 택배 수령이 어려운 1인 여성가구나 맞벌이 부부 등을 위해 일반주택가에 무인택배보관함을 설치 무료 운영(2018년 1월 현재 190개소, 3,760개함, 누적 이용자 92만명, 누적이용개수 1,157,862개))
- 11번가, 현대H몰, GS홈쇼핑, NS몰과 '서울시 여성안심택배 이용자 편의제공을 위한 업무제휴 협약'을 체결하여 이들 업체에서 온라인 구매한 상품을 여성안심택배함에서 수령 가능

자료 : 서울특별시청 홈페이지

서울시 무인택배함 현황

서울시 여성안심택배보관함

연도별 이용건수

연도	이용건수
2013년	27,609
2014년	138,383
2015년	258,895
2016년	370,162
2017년1~9월	362,813

- 2017년 총 190개소(3,760칸)
- 총 누적 이용자수 1157,862건

서울시 택배함 위치정보

http://map.seoul.go.kr/smgis/webs/theme/themeMapCopy.do?mode=themeMapCopy&thm_theme_id=100180&map_type=1&xpoint=126.9674892&ypoint=37.5586647&radius=5000

http://woman.seoul.go.kr

서울시 택배함 위치정보

www.google.com/maps/d/viewer?mid=1L9w3MsmmneBqAPACEXrktruO9xU&hl=en_US&ll=36.1854956869038%2C127.0890948820313&z=8

83

편의점 택배 - 편의점 업계 택배서비스 론칭

편의점		편의점 택배 개요
Family Mart (1990~)	→ CU (2012~)	■ 2001년 공동 출자한 CVS Net에서 인적분할 후 'BGF 포스트' 설립(2016.12) ■ 편의점 택배 서비스 개시(2017.4) ■ 택배 1위 어플 '스마트택배' 와 예약 서비스 제공(2017.6) www.cvsnet.co.kr/postbox/m_home/index.jsp CUpost
LG25 (1990~)	→ GS25 (2005~)	■ CVS Net(GS리테일 100% 출자)이 편의점 택배 운영 ■ 편의점 택배 서비스 개시(2017.4)-CJKE와 제휴 ■ 핫라인 퀵서비스(국내), SF Express(국제)와 제휴 ■ 편의점에 이어 GS 수퍼마켓에서도 택배 서비스 개시(2017.10) www.cupost.co.kr/postbox/company.cupost postbox
Buy the Way (1990~) (2010, 세븐일레븐에 흡수합병	→ 7-Eleven (1989~)	■ 편의점 픽업 서비스 개시(2016.7) - 롯데택배와 제휴 ■ 배달의 민족과 업무 협약 체결(2017) ■ 11번가 택배 서비스 추진 스마트 픽(편의점 배송)
With Me (2003~) (2014, 신세계가 인수)	→ e Mart24 (2016~)	■ 서비스지역과 택배 크기나 무게와 관계없이 3500원의 균일가 택배서비스 개시(2017.9) ■ 한진택배와 업무 제휴

84

편의점 택배 - CVS Net 개요와 편의점 택배

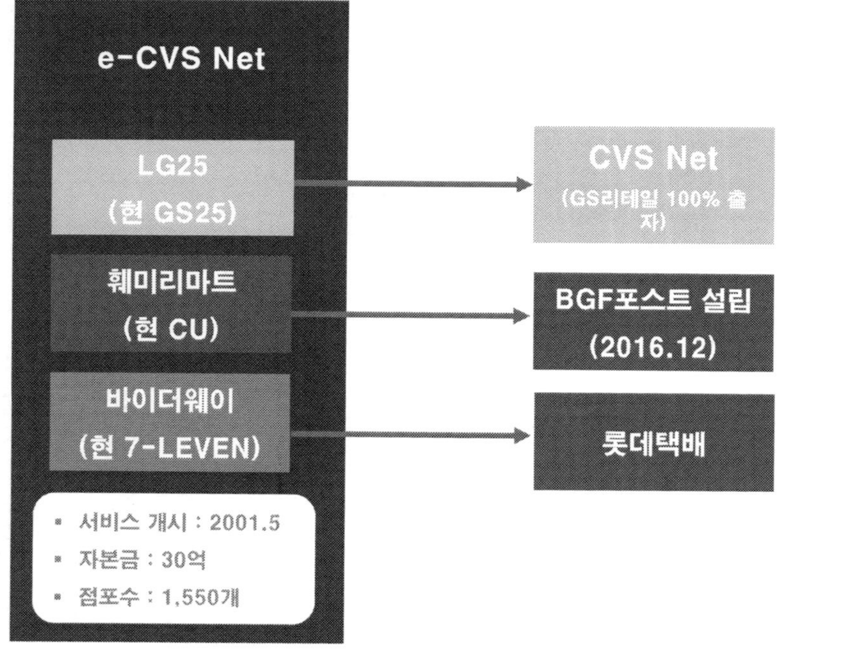

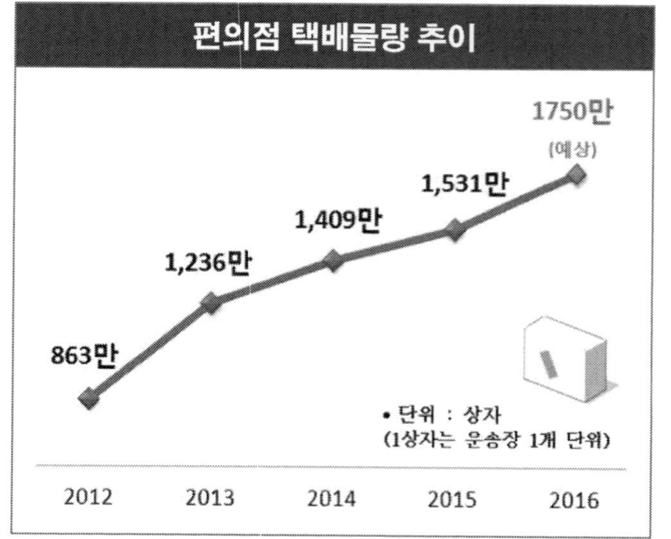

자료 : www.sisaweek.com/news/articleView.html?idxno=72958

편의점 택배

- 전체 택배 물량의 CAGR(2012-2016년)은 10.3%이며, 편의점 택배 물량의 CAGR은 20.6%로 2012년부터 지속적으로 상승하는 패턴을 보임.
- 전체 택배 물량 대비 편의점 택배 물량 비중은 '12년 0.6%에서 '13~14년 0.7%, '15년 0.8%, '16년 0.9%로 꾸준히 상승함.
- 편의점은 2020년 35,000개(2017년 3월말 현재 CU 11,273개, GS25 11,223개)까지 늘어날 것으로 추정되어 온라인 쇼핑몰마다 편의점과의 전략적 제휴를 통해 픽업 및 무인택배 보관 서비스 등을 적극 도입하고 있음.

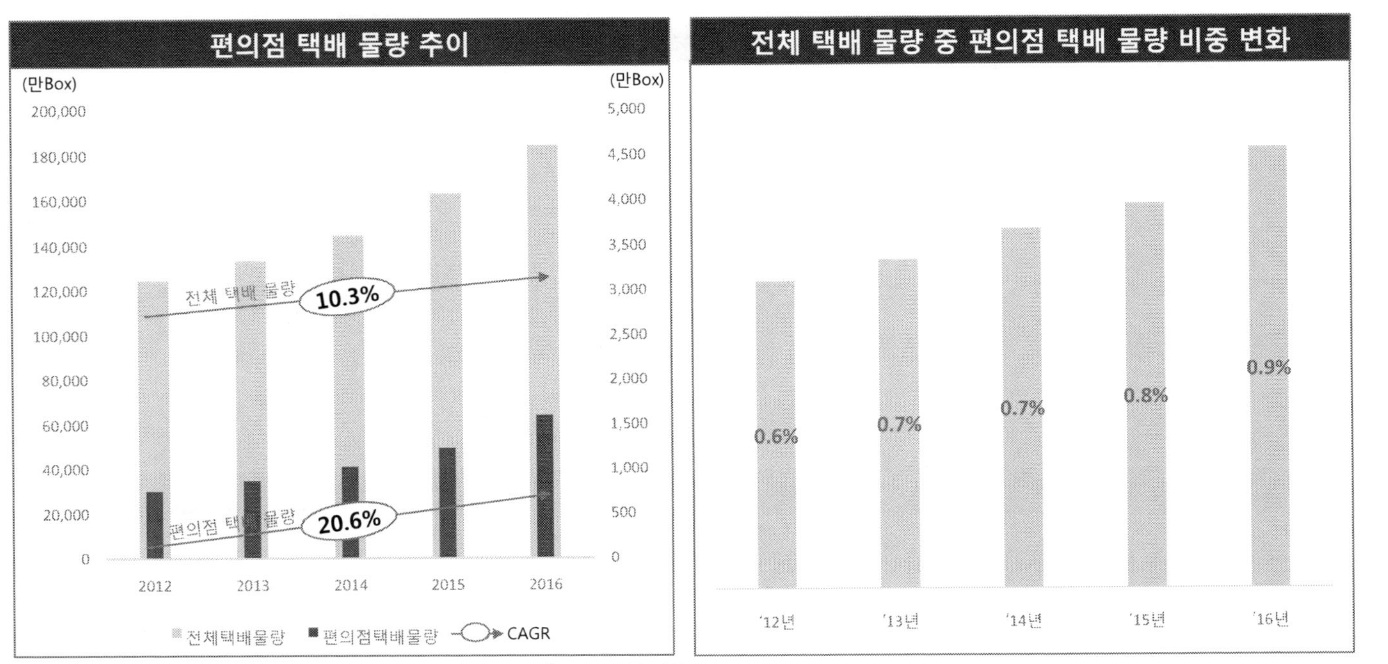

주 : 2016년 편의점택배물량은 선형추정치(y=2E*06x+4E*06, R^2=0.9908)를 사용
자료 : 한국통합물류협회, 한국편의점산업협회

실버택배

- 실버택배는 지자체, 정부, 복지기관, 택배업체가 협력하여 노인일자리사업 창출의 질적, 양적 성장을 이루기 위한 공유가치창출(Creating Shared Value, CSV) 모델임.
- 2006년 5월 실버지하철택배를 시작으로 활성화되기 시작하였으며, 그린택배(CJ대한통운), 시니어택배(한진택배) 등의 이름으로 불리기도 함.

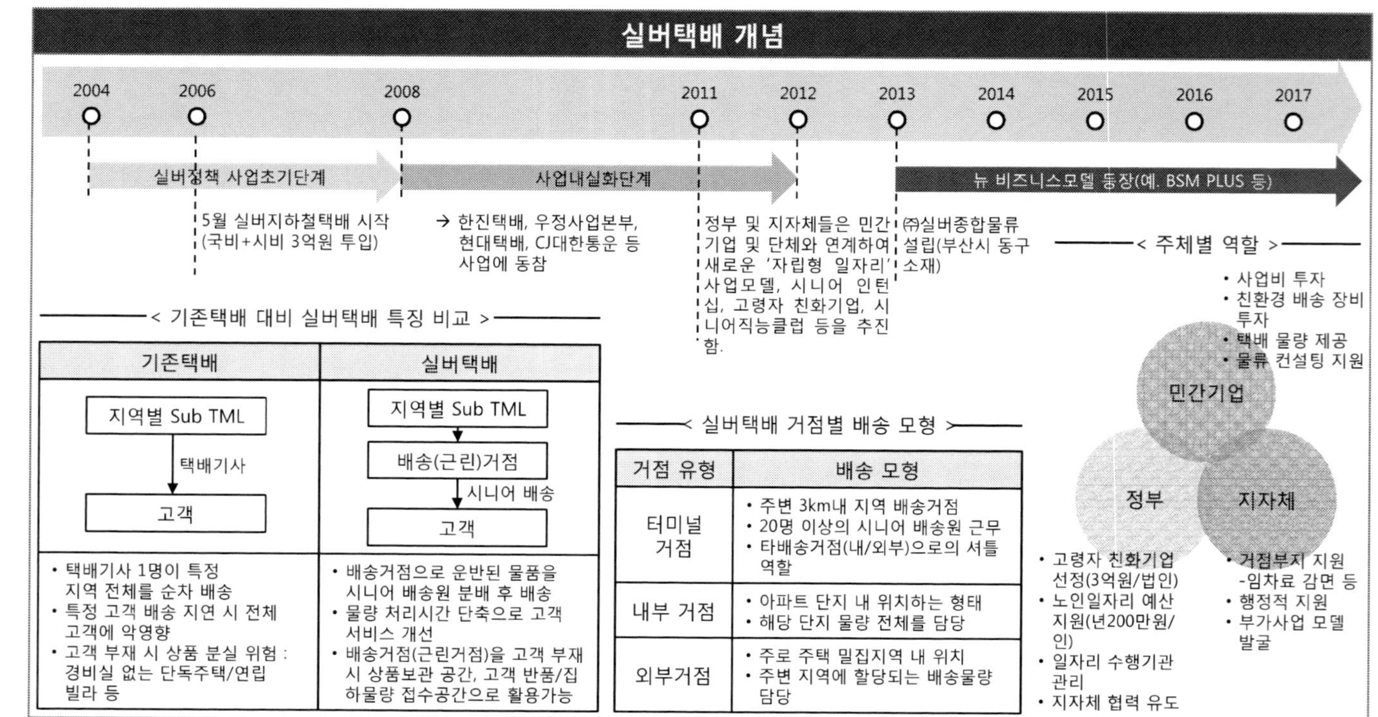

거점 유형	배송 모형
터미널 거점	• 주변 3km내 지역 배송거점 • 20명 이상의 시니어 배송원 근무 • 타배송거점(내/외부)으로의 셔틀 역할
내부 거점	• 아파트 단지 내 위치하는 형태 • 해당 단지 물량 전체를 담당
외부거점	• 주로 주택 밀집지역 내 위치 • 주변 지역에 할당되는 배송물량 담당

자료 : 한국교통연구원, "택배물류서비스 개선을 위한 도시물류 공동플랫폼 구현," 2016; Corongju, A., "CityLog Project FINAL REPORT," 2013

실버택배 활용 사례

- 아파트 종합솔루션업체(BSM PLUS, U-NET Prime 등)들은 대형아파트 단지에 종합솔루션 제공이라는 뉴 비즈니스 모델을 통해 수익 창출을 도모하고 있음 (택배는 수익창출 목적이 아닌 서비스 차원임).
- 최근 건설된 대형아파트들 중 택배차량 진입을 금하는 경우가 존재. 이에 따라 외부거점 또는 아파트 인근 외부지역에서 택배사로부터 화물을 인수받아 아파트 내로 이동 후 시니어 배송을 함.

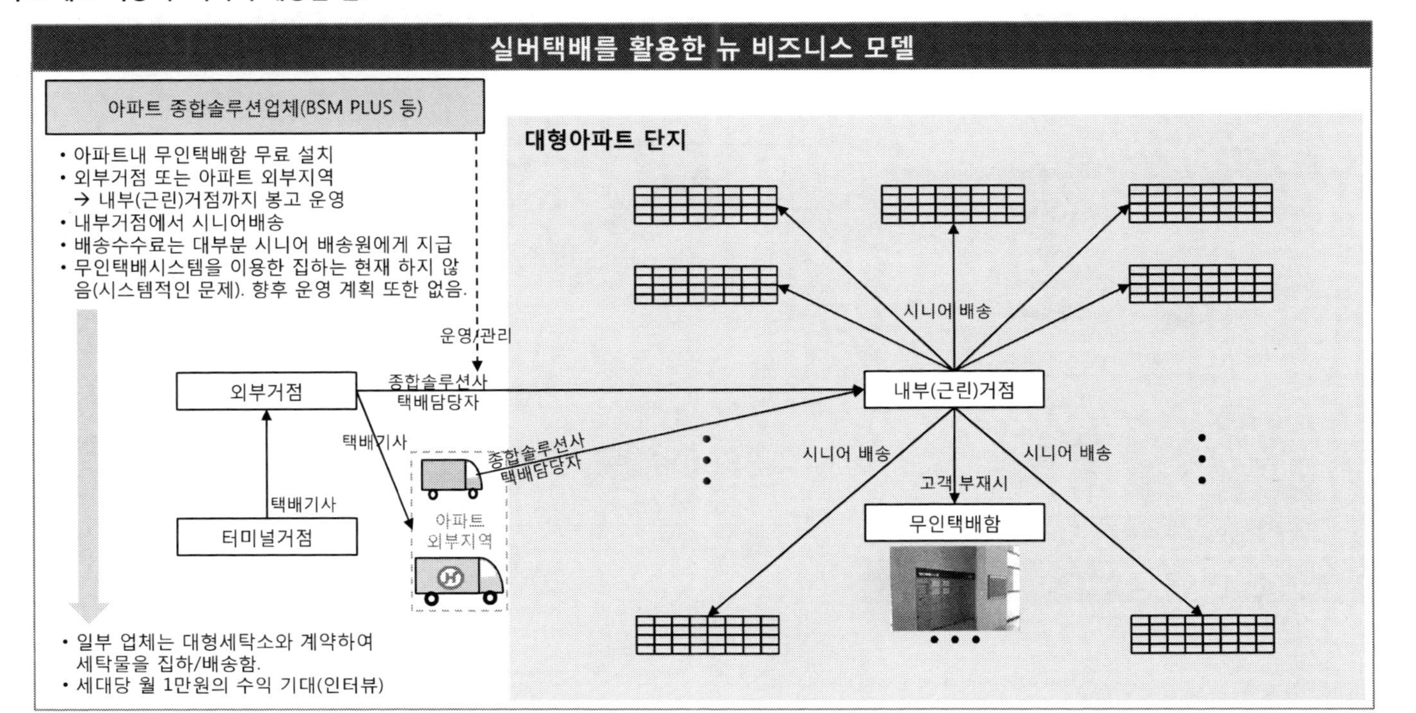

국내 택배사-스타트업 간 협력체계

협약 체결	택배사	스타트업	
2016.11	CJ 대한통운 korea express	MESH KOREA	VROONG
2017.4	한진택배	WONDERS	
2016.2	롯데택배	GOGO VAN	

라스트마일 서비스 강화 전략

물류 스타트업 기업 리스트 및 사업내용

회사명	어플리케이션	내 용
매쉬코리아	VROONG	'부탁해' : O2O 배달대행 플랫폼. 외식으로 주로 접하던 음식을 고객에게 배달해주는 서비스 제공 부릉(Vroong) : 배송 기사 앱. 이륜차 위주이며 약 3,000여명의 배송기사 연결 메쉬프라임 : 전국 실시간 배송과 당일 배송 추구하는 퀵서비스
바로고	barogo	바로고 : 배송대행 기업으로, 사업자들을 위한 O2O 플랫폼 기반의 당일 배송 서비스 제공, 평균 34분내 배송
원더스	WONDERS 1522-7179	5,000원 단일가 퀵서비스 제공, 허브앤스포크(Hub&Spoke) 방식을 적용해 묶음배송 방식으로 단일가 퀵서비스 가능하게 구현
트레드링스	TRADLINX	수출입자와 포워딩 업체 중개 서비스 제공. 가격, 운송방식 등 비교해 가장 적합한 포워더 컨설팅 서비스 제공
두손컴퍼니	두손컴퍼니	인터넷 소호몰들을 위한 물류 대행 서비스. 물류창고에 보관, 출고, 배송 등 대행
허니비즈	띵동	띵동 앱 운영. 맛집 배달, 마트 & 편의점 배달, 퀵서비스, A/S 대행, 관공서 업무 대행 등 서비스 제공
고고밴코리아	GOGO VAN	2013년 홍콩에서 스타트업으로 시작, 아시아 6개국, 13개 도시에서 활동. 퀵서비스, 용달차, 이사 서비스 및 대형화물 운송 서비스 제공
위시앤코리아		세탁배달 서비스 Clean Basket 앱을 통해 세탁소와 연결, 세탁물 수거 및 배달 서비스 제공
아이에이치소프트		일반인이 어플리케이션을 통해 자유롭게 배송 의뢰하거나 배송 서비스 제공하는 플랫폼 제공. 아마존 플렉스와 비슷한 서비스

유통업체들의 배송 속도전

제공배송 서비스	유통				e-Commerce			TV홈쇼핑
	emart	Home plus	LOTTE Mart	CU	TMON	coupang	위메프	O Shopping
당일배송 (기본SVC)	쓱(SSG) 배송 온라인 전용 물류 센터 운영 심야/새벽 배송 실시	G마켓/옥션과 제휴 당일배송 전문관 운영	오전 4시 전 주문 당일배송 가능 *타업체 오후 1시 당일배송 주문마감	G마켓/옥션과 제휴 당일배송 전문관 운영	슈퍼배송 (현대택배를 통해 전담배송SVC 제공)	로켓배송 (24시간내 배송 완료)	지금 사면 바로 도착 서비스	신데렐라배송 (오전에 주문한 상품을 오후에 배송)
초단기배송 (3시간내)	특정지역 3시간내 배송 (강남, 송파, 서초)	퀵배송SVC (배달대행업체 '바로고'를 통해 1시간내 배송)	온라인 전용 '롯데프레시센터' (특정지역 3시간내 배송)	40분 배송 (배달대행업체 '부탁해'와 제휴	티몬에서 상품을 구입하면 전국 9400개 CU편의점에서 24시간 수령	로켓배송 (특정지역 2시간내 배송 SVC 시험 중)	오후 4시까지 주문 할 경우 당일 저녁 까지 배송	

온라인유통업계의 배송서비스 변화

- 기존의 획일화, 정형화된 물류시스템 속에서 배송시간 및 배송속도 등에 대한 소비자의 니즈를 충족시키기 위해 말단배송(Last Mile)을 잡기 위한 경쟁 심화
- 온라인유통 업체들은 말단배송 승리자(Last Mile Winner)가 되기 위해 신속성, 편의성, 가시성, 안전성, 효율성 등을 핵심요소로 소비자에게 차별화된 서비스를 제공하려고 노력함. 1인 가구, 맞벌이가구를 타겟으로 옴니채널방식의 다양한 서비스가 향후 지속 개발될 것으로 예상됨.

온라인유통 업계의 배송서비스 변화

업체명	배송서비스	내용
11번가	NOW배송	17시 이전 주문 당일발송, 2만원 이상 무료배송
	11픽&락커	주문 상품 CU 픽업, 락커는 '17년 6월 예정
CJ오쇼핑	신데렐라배송	9시반 이전 주문 전국 당일 22시까지 배송, 전용셔틀과 전담인력 운영
CJmall	빠른배송	13시 이전 주문 당일 배송, 18시 이전 주문 익일 배송, 3만원 이상 시 무료배송, 빠른배송 상품을 묶음배송(모아모아 묶음배송)
GSshop	라이브배송	배송위치 조회 서비스(배송날짜, 도착시간, 현재 상품 위치 확인, 배송원 정보/통화)
	안심택배함	삼변합 120cm이하, 무게 20kg이하 판매가 50만원 미만 상품
	편의점배송&반품	20kg이하, 50만원 미만 상품 편의점(GS25, CU) 배송 및 반품
GS홈쇼핑	한하요우 앱	한국 방문 중국인 숙소에 원하는 시간에 상품 배송('16년 12월 중단)
롯데닷컴, 하이마트, 엘롯데 등	스마트픽	옴니채널서비스, 16시 이전 주문 당일 롯데백화점, 세븐일레븐, 하이마트(롯데슈퍼는 가까운 매장)에서 물품 픽업
롯데슈퍼	당일/3시간 이내 빠른배송	주문시 지정날짜/시간에 배송(가까운 곳에 매장이 있는 경우), 2만원 이상시 무료배송
	드라이브&픽	배송매장(신현, 용인, 서초, 상계, 가락점), 시간대를 지정한 후 차량에서 물품 픽업, 사은품 증정

업체명	배송서비스	내용
위메프	원더배송	월~금 22시 이전 주문시 익일배송, 토~일 18시 이전 주문시 월요일배송
이베이코리아 (G마켓, 옥션)	스마트배송	18시 이전 주문 익일 배송, 복수 주문 상품 한 박스로 묶음 배송, 3만원 이상시 무료배송, 스마트클럽 회원 최대 5배 캐시적립
쿠팡	로켓배송	쿠팡맨 24시간 내 배송서비스
	일반 정기배송	매달 지정날짜에 자동 무료배송, 무료 반품
	정기배송 Save	일반 정기배송서비스+기본 5%할인, 3가지 이상 10% 할인
티몬 슈퍼마트	슈퍼배송	당일 16시 주문까지 구매 후 당일~익일 배송(서울/분당일부, 위례신도시), 수도권/지방 당일 24시 주문까지 구매+2일 배송
현대홈쇼핑	드림배송	여성 택배기사 배송서비스
현대Hmall	안심배송	판매가 30만원 미만 상품 고객 지정 지하철보관함에 배송
	지하철배송	무게 20kg이하, 판매가 10만원 미만 상품을 지하철보관함(해피박스)으로 배송
	편의점배송	무게 5kg이하, 30만원 미만 상품을 편의점(GS25, CU)으로 배송

➡ **유통업체들은 배송서비스의 핵심요소인 '속도', '가시성', '안전성' 등을 기반으로 마케팅 전략의 일환이자 차별화 서비스로 고객에 제공 노력**

자료 : 각 사 홈페이지; CLO

온라인쇼핑몰 해외직접 판매 및 구매 규모

- 온라인 쇼핑몰 해외직접 판매/구매 규모는 '16년 4.2조원으로 해외직접 판매 규모는 2.3조원(54.6%)이며, 해외직접 구매 규모는 1.9조원(45.4%)임.
- 해외직접 판매액의 CAGR(2014-2016은) 83.8% 급증한 것에 비해 해외직접 구매액의 연평균성장률은 7.6%의 성장에 그침.
- '16년 해외직접 판매 비중은 중국이 78.1%로 가장 높았으며, 해외직접 구매 비중은 미국이 64.1%로 가장 높음.

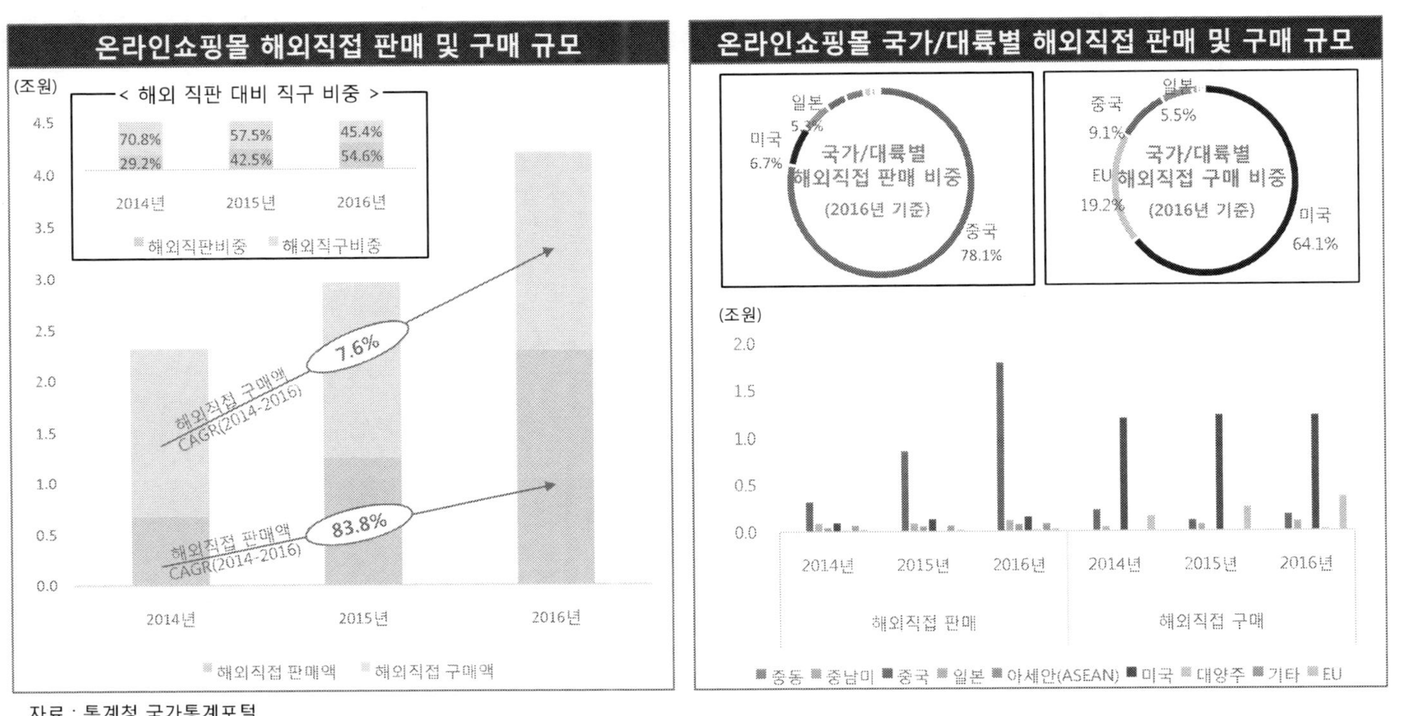

자료 : 통계청 국가통계포털

쇼핑 채널의 변화 전망

- **ON+OFF 병행몰의 규모가 커질 것으로 예상되며, 오프라인 채널은 미니 백화점이나 편의점 같이 작은 규모의 채널이 성장할 것으로 전망됨.**
  ✓ 최근 카테고리 킬러형 소형 백화점이 생겨남(예. 롯데백화점 엘큐브 등)

쇼핑 채널의 변화 전망

	70-80s	1990s초	1990s후	2000s초	2000s후	2010s초	2016	**미래**
선호 유통채널	백화점	대형마트	홈쇼핑	인터넷쇼핑	면세점	모바일쇼핑	ON+OFF /편의점	**Mini 오프라인**
플랫폼	오프라인		TV	인터넷	오프라인 /인터넷	모바일앱	전채널	**ON+OFF (Mini)**
배경	도시화 진행	국민소득 증가	TV홈쇼핑 등장	인터넷 보급	레저소비/ 휴일수증가	스마트폰 보급	스마트쇼퍼 가치소비	**미니멀 라이프**
가족구성	대가족 위주 → 1인가구 증가							
GDP (조원)	72-382	420-574	528-754	821-995	1,034-1,188	1,265-1,427	1,504	

자료 : BNK, 산업분석 보고서, 2017.2

소비자 쇼핑 유형별 비중

- 소비자의 67%가 크로스오버 쇼퍼(쇼루머, 역쇼루머, 옴니쇼퍼)임.
- 고관여 품목(의류, 패션, 잡화, 가전 등) 구매뿐 아니라 식료품, 생활용품 같은 소비재 구매에서도 소비자들은 쇼루밍 또는 역쇼루밍을 하는 것으로 조사됨.
- 순수 오프라인 쇼퍼보다 역쇼루머가 소비재 쇼핑 지출액이 1.3배 많았으며, 순수 온라인 쇼퍼들보다 쇼루머와 옴니쇼퍼의 소비재 지출액이 각각 1.8배, 1.7배 많음.

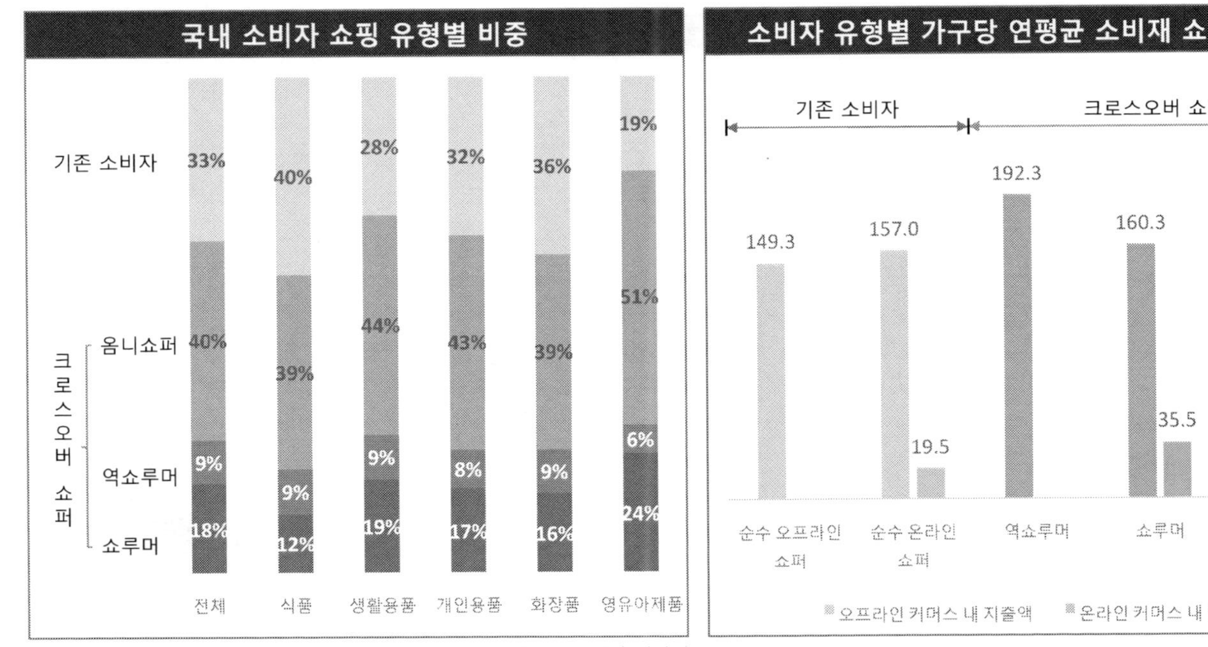

주 : 칸타월드패널이 전국 소비자 1,500명을 대상으로 스타일을 조사한 결과임.

자료 : 칸타월드패널 라이프스타일 조사, 2014; 삼정KPMG 경제연구원, "소비패턴의 11가지 구조적 변화," Issue 43, 2016

택배시장의 미래전망

택배시장 변화요인

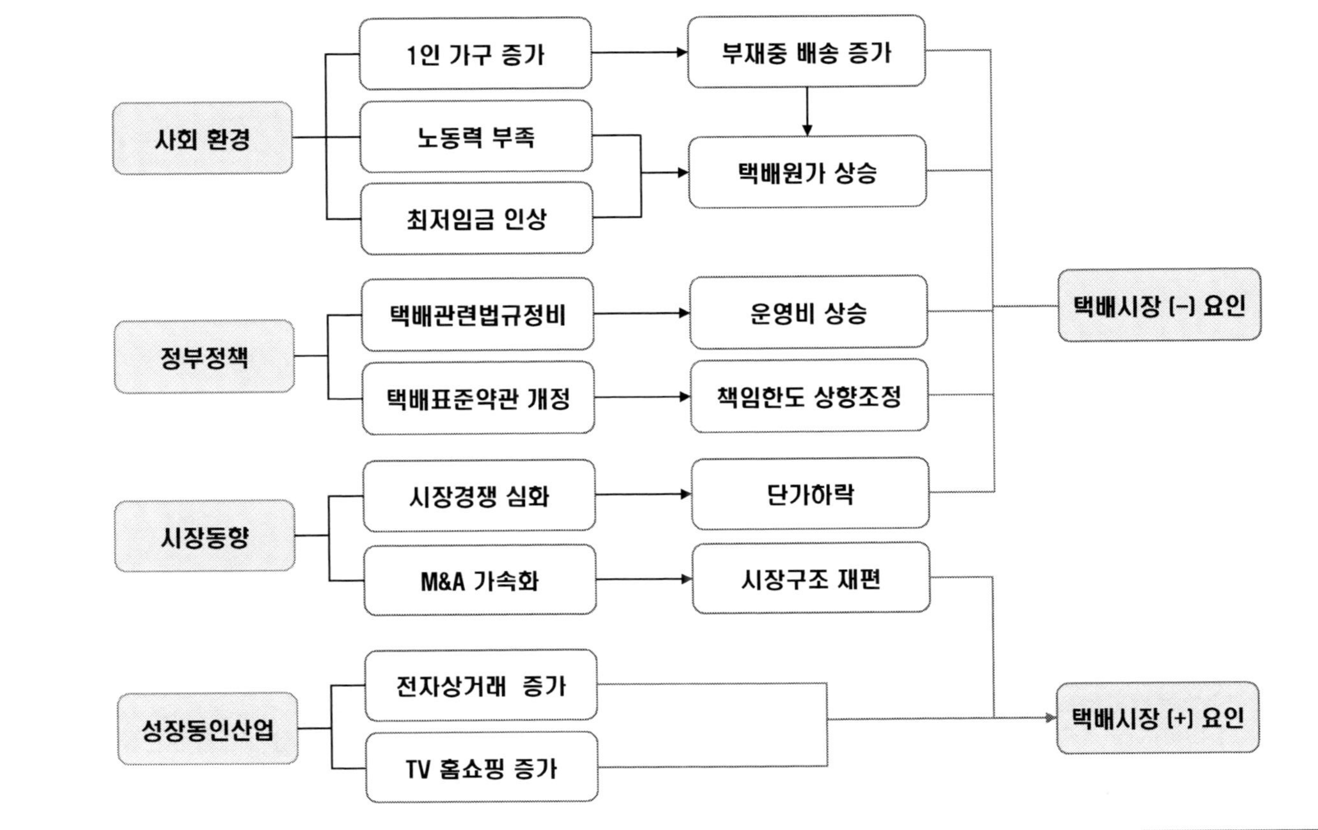
사회 환경
1인 가구 증가
노동력 부족
최저임금 인상
부재중 배송 증가
택배원가 상승
정부정책
택배관련법규정비
택배표준약관 개정
운영비 상승
책임한도 상향조정
시장동향
시장경쟁 심화
M&A 가속화
단가하락
시장구조 재편
성장동인산업
전자상거래 증가
TV 홈쇼핑 증가
택배시장 (-) 요인
택배시장 (+) 요인

택배시장 환경 변화 및 전망

- 오늘날 물류환경의 변화(다품종 소량화, 제품납기 단축화, 정시수송을 통한 제고 최소화, 포장단위의 표준화 등)로 인해 소화물 다빈도 정시수송을 포함한 야채, 생선, 지방특산물 등을 신선하게 배달해주는 서비스, 서류를 정시에 배달해주는 서비스 등 서비스의 형태가 다양해지고 있음.
  - Door to Door 단계에서 Room to Room을 지나 Desk to Desk 단계로 계속 확장됨.

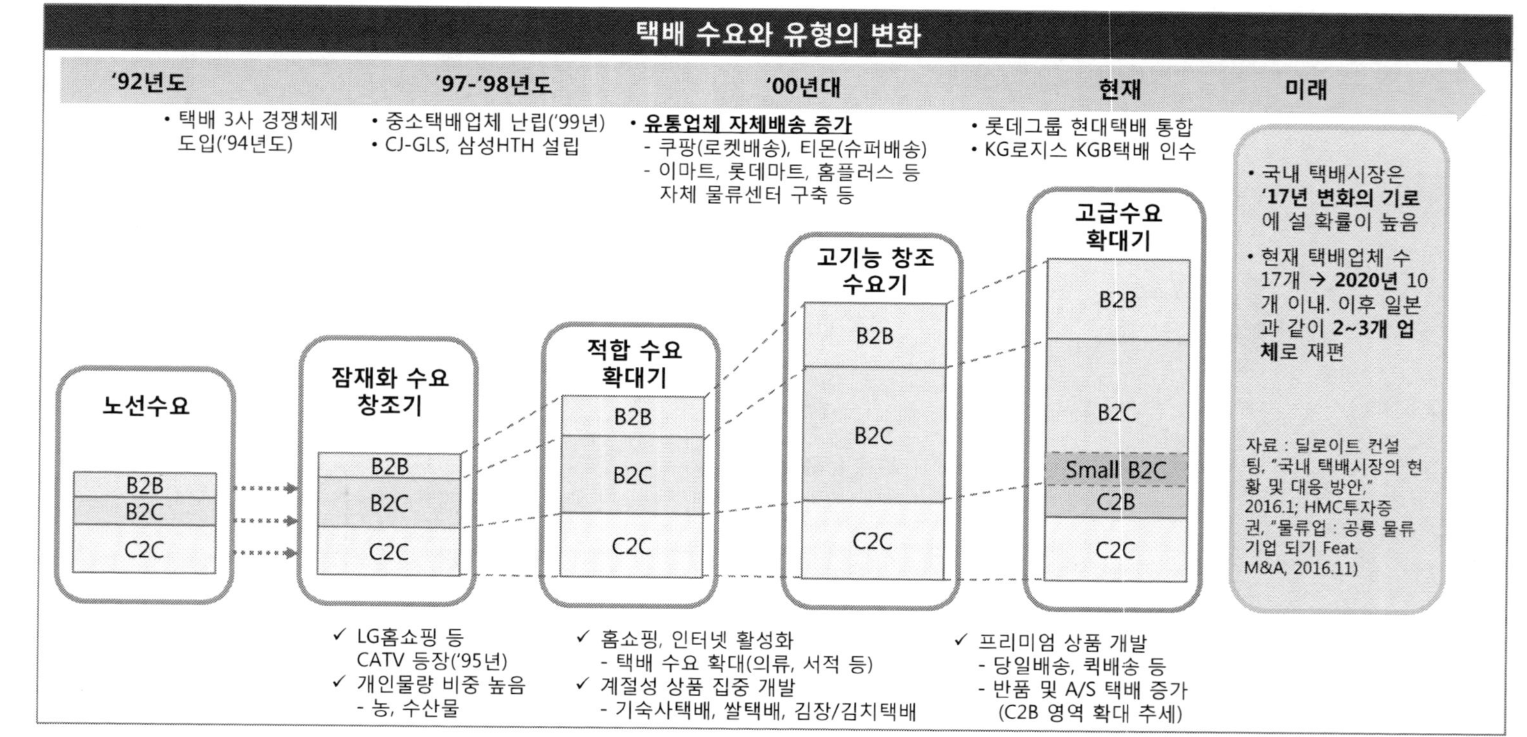

미래 택배서비스 프로세스의 변화

- 미래 택배서비스는 무인화(자동화, 스마트) 기술의 발전에 따른 택배산업 적용이 예상됨.
- 신기술 및 전문성 요구에 따른 분화된 특화서비스를 제공하기 위한 뉴비즈니스모델 및 전문기업(스타트업) 등장이 전망됨.

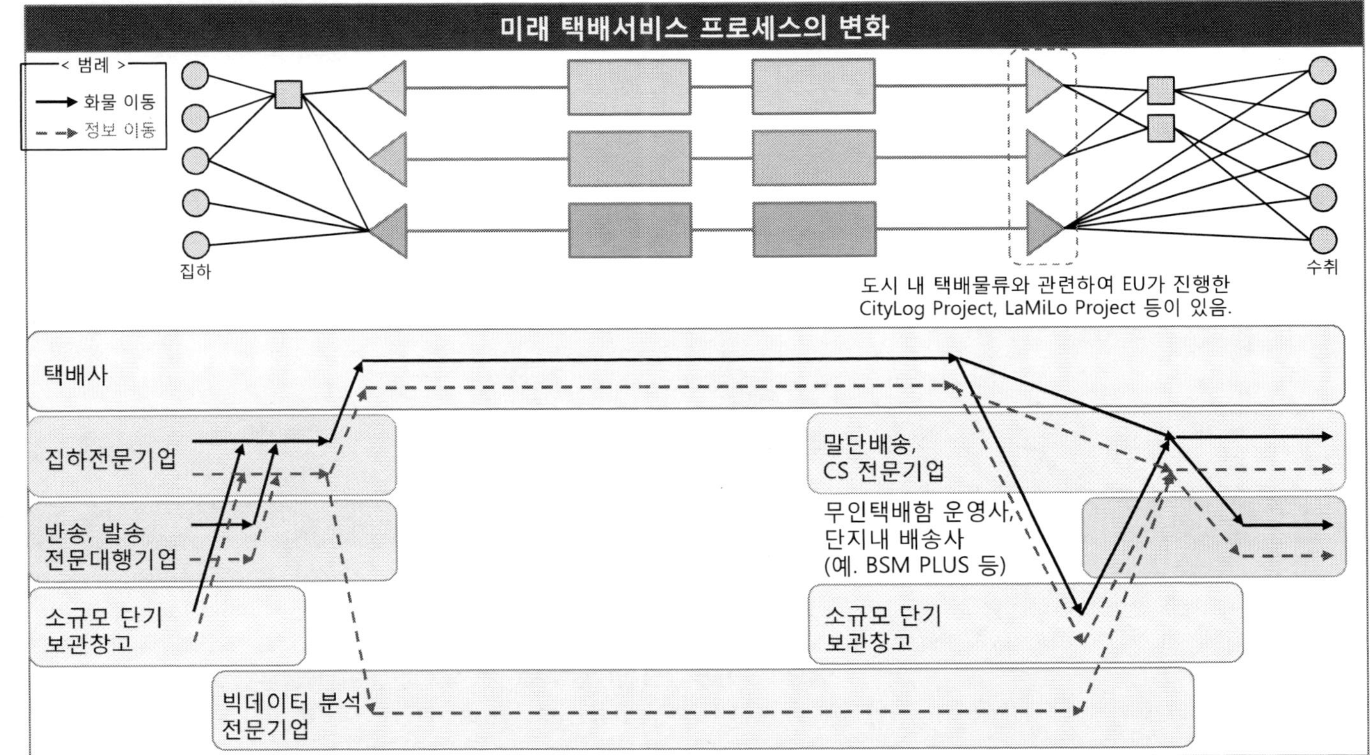

자료 : 한국교통연구원, "택배물류서비스 개선을 위한 도시물류 공동플랫폼 구현," 2016

택배서비스의 미래

- 택배서비스 미래상 키워드에 대한 전문가 응답비중은 무인화(자동화, 스마트) 19%, 공동화 14%, 맞춤형서비스 12%, ICT 11%, 세분화된 전문기업과 융합산업 각각 11%, 클라우드 8%, 국민보편서비스 6%, 고속화, 소규모다빈도 각각 4% 순임.
- 미래 택배서비스로는 '소규모, 단기 보관창고', '공동수배송', '화물배송추적', '수요 예측 배송', '퀵서비스 연계배송', '단지 내 전담배송 서비스', '편의점 택배', 'Drive-through 택배 Station,' '무인택배함', '자동차 트렁크 배송(Cardrops)', 택배화물 정보 관리 및 제공', '택배 비교 견적', '택배발송/반품 대행', '無운송장(invisible barcode) 배송' 등이 있음.

택배서비스 미래상 키워드 및 우선순위

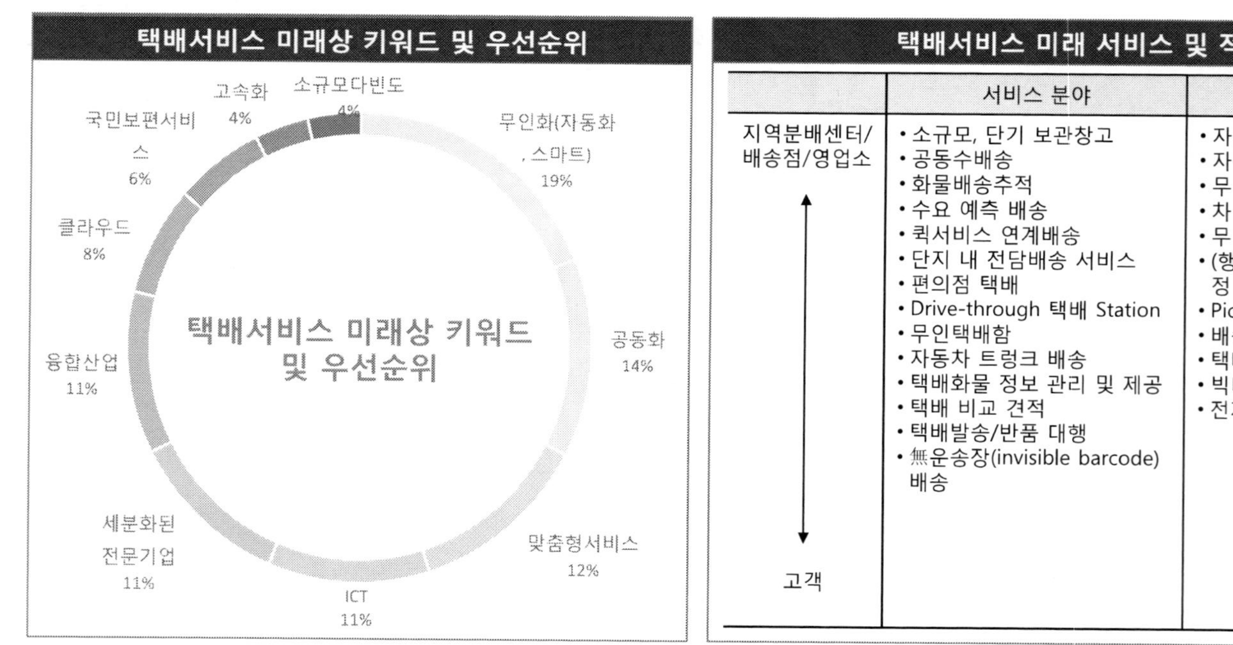

택배서비스 미래 서비스 및 적용 기술

	서비스 분야	기술 분야
지역분배센터/배송점/영업소 ↕ 고객	• 소규모, 단기 보관창고 • 공동수배송 • 화물배송추적 • 수요 예측 배송 • 퀵서비스 연계배송 • 단지 내 전담배송 서비스 • 편의점 택배 • Drive-through 택배 Station • 무인택배함 • 자동차 트렁크 배송 • 택배화물 정보 관리 및 제공 • 택배 비교 견적 • 택배발송/반품 대행 • 無운송장(invisible barcode) 배송	• 자동분류 • 자동 상하역 • 무인자동차배송 • 차량 내 자동 화물소팅 • 무인 택배함 • (행정주소가 아닌)위치기반 지정 배송(자동차 트렁크 등) • Pick-up & Delivery 로봇 • 배송용 드론 • 택배함 대상 자동상하역 • 빅데이터 분석 및 주문 예측 • 전자운송장, 바코드 운송장

주 : 응답수(중복 최대 5개)에 대한 비중임.

자료 : 한국교통연구원, "택배물류서비스 개선을 위한 도시물류 공동플랫폼 구현," 2016

택배서비스의 미래 종합

택배서비스의 미래 종합	
배송 속도 중심 경쟁	• 서울/수도권 퀵서비스를 연계한 당일택배 등장. 전국으로 확대되며 속도 경쟁 지속됨. • 유통업계 등 배송비용 절감을 위한 노력 및 택배사 경쟁 지속으로 택배 저운임 구조도 지속 예상
고객 편의성	• 고객(수하인)이 원하는 최적의 장소와 시간에 배송되는 편의지향적으로 변화할 것임. (예. 편의점택배, 스마트픽, 시간지정 서비스 등)
전문기업 등장 및 택배 통합(공동) 플랫폼 필요	• 세분화된 특화서비스로 새로운 비즈니스모델이 등장하며, 분야별 전문기업(스타트업)들이 등장할 것 (예. 단지내 택배서비스 제공업체 BSM PLUS 등) • 전통적인 택배서비스에서 ICT, Mobile이 강화된 서비스 위주의 통합물류플랫폼 확대될 것 • 퀵서비스 연계 등 택배 공동 플랫폼 구축 증대 예상
공동물류센터 및 도심 인근 창고 수요 확대	• 1인 가구의 증가, 소비 패턴의 변화 등으로 소규모 다빈도 배송이 계속 증가할 것임. • 이로 인한 대형공동물류센터가 등장하고, 당일배송, 시간지정배송 등이 증가 예상됨. • B2C 당일배송, 반일배송 등에 따른 도심 인근 지역 창고 수요 확대 예상
정보기술을 활용한 택배서비스	• 스마트폰을 이용한 택배서비스 소비자 경험 증가로 더욱 스마트한 택배서비스(융복합서비스)로 진화 예상(예. Cardrops, 편의점 무인택배서비스 등) • 편의점 무인매장 등장에 따라 택배 집하/배송/반품 서비스도 무인화가 확대 될 것
개인택배 물량, 편의점택배 흡수	• 순수 개인택배(C2C)는 대부분 편의점(취급점)택배로 집하물량이 흡수되고 있음. ※ 특산물(농수산물 등)은 조합 등의 결성으로 C2C → S2C 형태로 집하물량 변화
생존	• 향후 일본 택배산업과 유사하게 소수 택배사만이 생존할 것으로 예상됨. • 경쟁 심화로 결국 1~2개 택배사가 독과점 형태가 될 가능성 존재

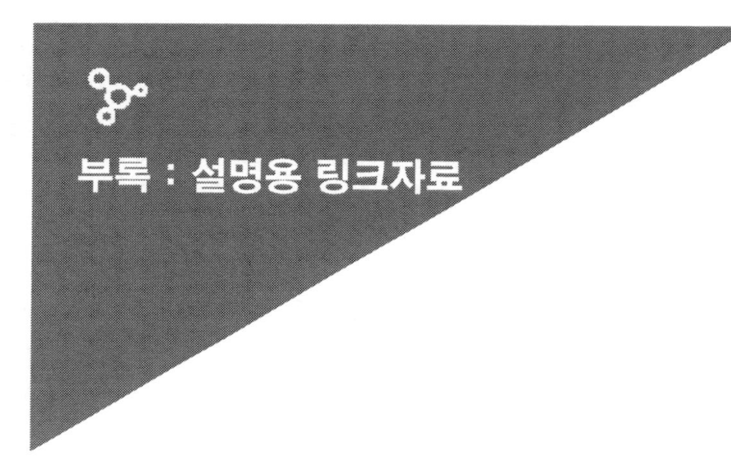

부록 : 설명용 링크자료

택배업 법제화(법, 시행령, 시행규칙의 개정)

- 정부는 기존 자동차 운수사업법을 개정(1989.12)하고 택배사업과 관련한 시행령과 시행규칙을 제정(1991)하여 택배업종 법제화를 완성

기존 자동차 운수사업법
(법률 제3913호)

제16조 (노선에 의하여 운송하는 화물의 집화, 배달) 노선화물자동차운송사업자는 교통부장관으로부터 사업구역의 지정을 받아 자기노선에 의하여 운송하는 화물을 자동차를 사용하여 집화하고 배달할 수 있다.

개정 자동차 운수사업법
(법률 제4190호, 1989.12.30)

제16조의2 (소화물일관수송)

①대통령령이 정하는 화물자동차운송사업자로서 교통부령이 정하는 소화물을 송화인으로부터 위탁받아 수화인에게 일관하여 운송하고자 하는 자는 교통부령이 정하는 시설 및 장비를 갖추어 교통부장관의 허가를 받아야 한다.

②제1항의 규정에 의하여 소화물의 일관운송을 하고자 하는 자는 교통부령이 정하는 바에 따라 당해 운송에 대한 운임 및 요금을 정하여 교통부장관에게 신고하여야 한다.<신설 1989.12.30>

자동차 운수사업법 시행령 일부 개정(1991.1.29)

제2조의 4 (소화물일관수송을 할 수 있는 자동차운송사업자) 법 제16조의 2제1항에 에서 "대통령이 정하는 화물자동차운송사업자"라 함은 다음 각 호의 자를 말한다.

1. 노선화물자동차운송사업자
2. 일반구역화물자동차운송사업자
3. 용달화물자동차운송사업자 [본조신설 1991.1.29]

1993년 시행령을 개정하여 택배업 허가대상을 일반구역화물사업자 중 일반화물운송사업자로 한정하고 전국화물운송사업자도 참여할 수 있도록 하고 1995년에는 특수화물운송사업자까지도 참여자격 추가

자동차 운수사업법 시행규칙 일부 개정(1991.9.27)

제24조의2 (소화물의 범위) 법 제16조의2제1항에서 "교통부령이 정하는 소화물"이라 함은 개당 중량이 30킬로그램이하인 화물을 말한다.[본조신설 1991.9.27]

제24조의3 (소화물일관수송시설등의 기준) 법 제16조의2제1항에서 "교통부령이 정하는 시설 및 장비"라 함은 별표 3에 의한 시설 및 장비를 말한다.[본조신설 1991.9.27]

제24조의4 (소화물일관수송 허가신청) ①법 제16조의2제1항의 규정에 의하여 소화물일관수송의 허가를 받고자 하는 자는 별지 제11호의2서식의 소화물일관수송허가신청서를 관할관청(노선화물자동차운송사업의 경우 교통부장관을 말한다. 이하 제24조의5에서 같다)에 제출하여야 한다.

②제1항의 소화물일관수송허가신청서에는 다음 각호의 서류를 첨부하여야 한다.

1. 노선도(노선화물자동차운송사업자에 한한다)
2. 영업소 및 화물취급소의 위치도
3. 노선운행차량 배치계획 및 영업소별 잡화.배달차량 배치계획 [본조신설 1991.9.27]

택배사업 법제화의기본 골격 ▶ 1 사업의 허가제 | 2 운임 · 요금의 신고제 | 3 운송약관의 인가제

택배업 법제화(시설 등 허가 기준)

소화물일관수송 시설 등의 기준(제24조의3 관련)

구분			기준
노선화물 운송사업자	시설	(1) 영업소 (2) 영업소의 부대시설 (3) 화물취급소 (4) 전산시설	• 일반구역화물자동차운송사업의 4개 이상의 사업구역에서 영업소를 갖출 것. 다만, 소화물일관수송허가를 받거나 다른 노선화물자동차운송사업자와 공동운수협정을 체결하여 상호연계수송하는 경우에는 공동으로 사용하는 영업소에 대하여 자기가 갖춘 것으로 본다. • 영업소에 계량기·수입금관리·배차관리 등 운수업무수행에 필요한 설비를 갖춘 사무실과 화물적하장·보관시설·종업원휴게실·숙소 및 주차장을 갖출 것 • 화물의 집화·배달에 필요한 수의 화물취급소를 설치하고, 화물취급소에는 화물일시보관시설·계량기 및 포장재료를 갖출 것 • 주사무소와 영업소, 영업소와 영업소간에는 온라인시스템에 의한 전산망설비를 갖출 것
	장비	(1) 노선차량 (2) 집화·배달차량	• 5톤 이상의 차량으로서 노선화물자동차운송사업 면허를 받아 등록한 30대 이상의 밴형화물자동차를 확보할 것 • 3톤 이하의 차량으로서 30대 이상의 밴형화물자동차를 확보할 것. 다만, 일반구역화물자동차운송업자 또는 용달화물자동차운송업자와 공동운수협정을 체결하여 연계수송할 수 있게 된 경우에는 당해 차량을 집화·배달구역별 소요대수의 3분의 2의 범위 내에서 확보한 것으로 본다.
일반구역화물 및 용달화물운송사업자	시설	(1) 영업소 (2) 취급소	• 1개소 이상 설치할 것 • 화물의 집화·배달에 필요한 수의 취급소를 설치할 것
	장비(차량)		• 15대 이상의 밴형 화물자동차를 확보할 것

※ 자동차운수사업법시행규칙(1993.10.30 교통부령 1013호) [별표 3]

택배업 관련 법조항의 폐지

기업활동 규제완화에 관한 특별조치법 중 택배관련 개정 조항 (1997.4.10)

제60조의9 (자동차운수사업에 대한 규제의 완화)

① 자동차운수사업법에 의한 면허 또는 등록을 받은 자는 운송약관을 정하여 동법 제9조의 규정에 의한 인가에 갈음하여 건설교통부장관에게 신고하여야 한다. 운송약관을 변경하고자 할 때에도 또한 같다.

② 자동차운수사업법 제16조의 규정에 의한 화물자동차운송사업자는 동조의 규정에 의한 건설교통부장관의 사업구역 지정을 받지 아니하고 자기의 노선에 의하여 운송하는 화물을 집화하고 배달할 수 있다.

③ 자동차운수사업법 제16조의2의 규정에 의한 화물자동차운송사업자는 동조의 규정에 의한 건설교통부장관의 허가를 받지 아니하고 소화물을 운송할 수 있으며, 당해 운송에 대한 운임 및 요금을 건설교통부장관에게 신고하지 아니할 수 있다

④ ~ ⑧ 중략 [본조신설 1997·4·10]

정부는 택배업종에 대한 법제화를 추진함에 있어서 택배서비스는 일반소비자를 주 대상으로 하면서 또한 소비자의 편리성, 수송의 신속성 · 안전정 · 정확성에 큰 비중을 둔 양질의 서비스가 제공되는 것이 전제가 되는 수송체제이므로 본래의 질적수준이 유지될 수 있도록 신규진입의 자격기준을 매우 엄격한 수준에서 규정하였음.

그러나 이처럼 어렵게 마련한 택배업의 법제도의 기틀은 규제완화라는 사회적 환경변화로 시행 6년 만에 허가제에서 화물차운송사업자라면 누구나 별도의 허가 없이도 사업을 영위할 수 있도록 하는 규제완화가 이루어짐

택배사업 관련법 폐지 직후 화물자동차운송사업의 규제완화

택배업 관련법 폐지 직후 화물차운송사업의 규제완화(1999년 7월 1일 이후)			
구 분	일반화물	개별화물	용달화물
시장참여	등 록	등 록	등 록
등록기준대수	25	1	1
최저자본금	1억	없음	5천만원 (보유대수가 2대 이상인 경우에 한함)
차량규모 및 차량형태	화물차 및 특수차	1톤 초과 5톤 미만 화물차 중형특수차	1톤 이하 화물차 소형특수차
대당차고면적(㎡)	차량의 실제면적(길이와 너비를 곱한 면적)		

주) 화물자동차운수사업법시행규칙은 1998년 2월 27일 제정되었으나 '화물자동차운송사업등록기준의 적용에 관한 특례 '에 의거 1999년 7월 1일부터 적용되었음
출처 : 화물자동차운수사업법시행규칙(1998.2.27 제정) 별표1

사업용 택배차량 공급을 위한 시행규칙 개정

국토해양부, 사업용 택배차량 공급을 위한 시행규칙 개정 및 시행(2012.12.7)

▪ 현재 운행 중인 자가용 차량을 사업용 차량으로 전환하기 위한 허가 및 사후관리 방안을 규정하고 있음
①택배형태의 운송사업을 영위하기 위해 갖추어야 할 시설 및 장비기준(5 이상의 시.도에 총 30개 이상의 영업소, 3개소 이상의 택배화물 분류시설, 100대 이상의 집.배송 차량 확보 등)을 설정하여, 이를 충족하고 있는 화물자동차 운송사업자를 택배사업자로 인정하도록 함.
②택배사업자 또는 영업소 운영자에게 소속되어 집화.배송업무를 수행하고 있는 위.수탁차주 및 자가용 운전자를 구체적 허가신청 대상자로 규정.
③허가신청 대상자가 허가를 신청하기 위해서는 택배사업자 또는 영업소 운영자에게 소속되어 택배화물의 집화.배송 업무를 수행하고 있음을 증명하는 서류, 물량 계약서, 교통사고 경력 증명 서류 등을 추가로 제출하여야 함.

1. 개정이유

화물자동차 운송사업자의 일관책임 하에 화물을 집화.분류.배송하는 형태의 운송사업(일명 택배) 분야를 육성하기 위해 택배와 관련하여 화물의 집화.배송만을 담당하고자 개별.용달운송사업 허가를 신청하는 자에게 별도의 서류를 제출하도록 하고, 공급된 차량의 무분별한 양도.양수 및 다른 운송 분야 종사에 의한 운송시장 문란을 차단하기 위해 양도.양수 제한규정 및 화물자동차 운송사업자의 준수사항을 추가하며, 차량충당조건 적용 제외 차량을 규정하기 위함.

2. 주요내용

가. 별도의 서류 제출 규정(안 제6조제3항 신설)

ㅇ 화물자동차 운송사업자의 일관책임 하에 화물을 집화.분류.배송하는 형태의 운송사업(택배)과 관련하여 화물의 집화.배송만을 담당하고자 개별화물자동차 운송사업 또는 소유대수가 1대인 용달화물자동차 운송사업 허가를 신청하는 자에게 국토해양부장관이 정하여 고시하는 별도의 서류를 추가로 제출하도록 함

나. 화물자동차 운송사업자 준수사항 및 양도.양수제한 규정 등

ㅇ 택배와 관련하여 화물의 집화.배송만을 담당하고자 개별화물자동차 운송사업 또는 소유대수가 1대인 용달화물자동차 운송사업 허가를 받은 자는 택배 이외의 운송사업은 하지 못하도록 함(안 제21조제19호 신설)

ㅇ 제21조제19호의 준수사항을 위반한 자는 화물자동차 운송사업 허가를 취소하도록 함(안 별표2 제19호 신설)

ㅇ 택배와 관련하여 화물의 집화.배송만을 담당하고자 개별화물자동차 운송사업 또는 소유대수가 1대인 용달화물자동차 운송사업 허가를 받은 자는 사업의 양도.양수를 3년간 금지하며, 3년의 기간 경과 후 택배에 종사하거나 종사하고자 하는 자에게 한하여 양도할 수 있도록 함(안 제23조 개정)

다. 차량충당조건 예외 규정(안 제52조의2제8호 신설)

ㅇ 택배와 관련하여 화물의 집화.배송만을 담당하고자 개별화물자동차 운송사업 또는 소유대수가 1대인 용달화물자동차 운송사업 허가를 받으려는 자의 차량은 법 제57조의 차량충당조건의 적용 제외 차량으로 규정함

3. 의견제출

국토해양부 홈페이지(http://www.mltm.go.kr) → 정보마당 → 법령정보 → 입법예고를 참고하시기 바랍니다.

택배표준약관 제정 및 개정 경위

- ❖ 택배사업자(소화물일관운송사업자)는 자동차운수사업법에 의거 1997년까지 건설교통부장관의 허가를 받아야 하며 운송약관을 정하여 인가를 받아야 했음.

- ❖ 그러나 기업활동 규제완화에 관한 특별조치법령에 의거 1997년 4월 8일자로 소화물일관수송업 허가제 자체가 폐지·삭제되고, 운송약관에 대한 인가제가 신고제로 전환되어 화물자동차운송사업자라면 누구나 별도의 허가없이 사업을 영위할 수 있게 되었음.

- ❖ 이후 신속성과 편리성으로 대표되는 서비스 자체의 특성과 전자상거래의 발전 등으로 인한 택배산업의 급성장하고 있는데 반해 택배서비스에 대한 법적 피해보상 규정이 마련되지 않은 상황이 지속되었다. 더구나 택배업체별로 규정한 개별택배약관이 '파손면책', '손해배상' 조항 등이 소비자에게 일방적으로 불리한 내용을 담고 있어 소비자 피해가 빈발하다고 지적되어 왔음.

- ❖

- ❖ 이를 위해 공정거래위원회는 택배거래의 건전한 거래질서 확립 및 소비자 권익보호를 위해 2001년 6월 13일 주요 택배업체들과 협의를 거쳐『택배표준약관』을 마련하고, 동년 7월 11일자로 택배표준약관을 제정, 승인하여 9월 1일부터 시행되었음.

- ❖ 그러나 한국소비자원이 택배이용 피해사례가 지속적으로 발생함에 따라 피해조사 결과를 토대로 2007년 1월 25일 손해배상한도액 인상 및 사업자에게 포장의무 부과 등 표준약관 개정을 건의함에 따라 공정거래위원회는 2007년 3월 23일 4개 주요 택배사업자들에게 표준약관 개정을 권고하고 사업자들이 9월 7일 택배표준약관 개정안을 심사 청구함에 따라 소비자원 및 사업자들의 의견수렴, 약관심사자문위원회의 자문을 거친 개정안이 2007년 12월 28일 공정거래위원회의 승인을 거쳐 2008년 1월 1일부터 시행되었음.

택배표준약관 주요 개정 항목

구분	Key Findings
손해배상 한도액	■ 종전 택배표준약관에는 손해배상 한도액을 공란으로 두어 사업자가 자율적으로 정하도록 되어 있었으나 2007년 개정 표준약관은 택배업계의 통상적인 거래관행을 반영하여 50만원으로 명시했다. ■ 또한 운송물의 가액에 따라 할증 요금이 있는 경우 손해배상 한도액은 운송가액 구간별 운송물의 최고가액으로 하여 손해배상 한도액이 최고 300만원까지 인상하였다.
사업자의 운송물 포장의무 강화	■ 종전에는 사업자가 운송물의 포장이 운송에 부적합한 때 사업자는 고객에게 필요한 포장을 하도록 청구하거나 고객의 승낙을 얻어 고객의 부담으로 포장할 수 있도록 되어 있었으나 개정 표준약관에서는 사업자는 운송물의 포장이 운송에 적합하지 않을 때에는 고객에게 필요한 포장을 하도록 규정하였다. ■ 이로써 사업자가 포장 의무를 준수하지 않아 발생된 사고에 대해서는 고객에게 손해배상을 해야 한다. 즉, 고객의 포장의무를 사업자의 포장으로 변경한 것이다.

■ 한편 2008년 2월 29일 정부조직법 개정으로 '소비자기본법' 소관 부처가 공정거래위원회로 통합됨에 따라 공정거래위원회는 사업자와 소비자간 분쟁(보상기준 및 절차 등) 해결의 가이드라인인『소비자분쟁해결기준』을 재정경제부(현 기획재정부)에서 이관 받아 3월부터 관련 업무 시작

■ '소비자분쟁해결기준'은 종전 '소비자피해보상규정'에서 명칭이 변경된 것으로써 내용은 종전과 동일하다.

※ 한국소비자원은 1987년 7월1일 소비자보호법에 의하여 **'한국소비자보호원'**으로 설립된 후, 2007년 3월 28일 소비자기본법에 의해 **'한국소비자원'**으로 기관명이 변경

택배표준 약관 신구 대비표

구 분	제정 약관(2001.7.11)	개정 약관(2007.12.28)
제2조 (용어의 정의)	8항 '손해배상한도액'이라 함은 운송물의 멸실, 훼손 또는 연착시에 사업자가 손해를 배상할 수 있는 최고한도액을 말합니다. 다만, '손해배상한도액'은 고객이 운송장에 운송물의 가액을 기재하지 아니한 경우에 한하여 적용되며, 사업자는 그 금액을 미리 이 약관의 별표로 제시합니다.	8항 '손해배상한도액'이라 함은 운송물의 멸실, 훼손 또는 연착시에 사업자가 손해를 배상할 수 있는 최고한도액을 말합니다. 다만, '손해배상한도액'은 고객이 운송장에 운송물의 가액을 기재하지 아니한 경우에 한하여 적용되며, 사업자는 손해배상한도액을 미리 이 약관의 별표로 제시하고 운송장에 기재합니다.
제3조 (약관의 명시 및 설명)	2항 2호 고객이 운송장에 운송물의 가액을 기재하지 않으면 사업자의 손해배상시 제5조 제1항 제5호의 손해배상한도액 내에서만 손해배상을 한다는 사항	2항 2호 고객이 운송장에 운송물의 가액을 기재하지 아니하면 사업자의 손해배상시 제20조 제3항의 손해배상한도액 내에서만 손해배상을 한다는 사항
	-	2항 3호 운송물의 가액에 따라 할증요금이 있는 경우 운송요금에 따라 손해배상한도액에 차이가 있다는 사항[신설]
제5조 (운송장)	1항 5호 손해배상한도액 ※ 고객이 운송장에 운송물의 가액을 기재하지 아니하면 사업자가 손해배상을 할 경우 이 한도액이 적용됨을 명시해 놓을 것	1항 5호 손해배상한도액 ※ 고객이 운송장에 운송물의 가액을 기재하지 아니 하면 제20조 제3항에 따라 사업자가 손해배상을 할 경우 손해배상한도액은 50만원이 적용 되고, 운송물의 가액에 따라 할증요금을 지급하는 경우에는 각 운송가액 구간별 최고가액이 적용됨을 명시해 놓을 것
	2항 4호 운송물의 인도예정장소 및 인도예정일(특정일시에 수하인이 사용할 운송물의 경우에는 그 사용목적 및 인도예정일시를 기재함)	2항 4호 운송물의 인도예정장소 및 인도예정일(특정 일시에 수하인이 사용할 운송물의 경우에는 그 사용목적, 특정일시 및 인도예정일시를 기재함)
제6조 (운임의 청구와 유치권)	3항 운송물이 포장당( )을 초과하거나 운송상 특별한 주의를 요하는 것일 때에는 사업자는 따로 할증요금을 청구할 수 있습니다.	3항 운송물이 포장당 50만원을 초과하거나 운송상 특별한 주의를 요하는 것일 때에는 사업자는 따로 할증요금을 청구할 수 있습니다.
	-	4항 고객의 사유로 운송물을 돌려 보내거나, 도착지 주소지가 변경되는 경우, 사업자는 따로 추가 요금을 청구할 수 있습니다[신설]

택배표준 약관 신구 대비표

구 분	제정 약관(2001.7.11)	개정 약관(2007.12.28)
제6조 (운임의 청구와 유치권)	3항 운송물이 포장당(　)원 을 초과하거나 운송상 특별한 주의를 요하는 것일 때에는 사업자는 따로 할증요금을 청구할 수 있습니다.	3항 운송물이 포장당 50만원을 초과하거나 운송상 특별한 주의를 요하는 것일 때에는 사업자는 따로 할증요금을 청구할 수 있습니다.
	-	4항 고객의 사유로 운송물을 돌려 보내거나, 도착지 주소지가 변경되는 경우, 사업자는 따로 추가 요금을 청구할 수 있습니다[신설]
제7조 (포장)	2항 사업자는 운송물의 포장이 운송에 적합하지 아니한 때에는 고객에게 필요한 포장을 하도록 청구하거나, 고객의 승낙을 얻어 고객의 부담으로 필요한 포장을 할 수 있습니다.	2항 사업자는 운송물의 포장이 운송에 적합하지 아니한 때에는 고객에게 필요한 포장을 하도록 청구하거나, 고객의 승낙을 얻어 운송중 발생될 수 있는 충격량을 고려하여 포장을 하여야 합니다. 다만, 이 과정에서 추가적인 포장비용이 발생할 경우에는 사업자는 고객에게 추가요금을 청구할 수 있습니다
	-	3항 사업자는 제2항의 규정을 준수하지 아니하여 발생된 사고시 제 20조에 의해 고객에게 손해배상을 하여야 합니다[신설]
	-	4항 사업자가 운송물을 운반하는 도중 운송물의 포장이 훼손되어 재포장을 한 경우에는 지체없이 고객에게 그 사실을 알려야 합니다[신설]
제10조 (운송물의 수탁거절)	6항 운송물 1포장의 가액이 (　)만원을 초과하는 경우	6항 운송물 1포장 가액이 300만원을 초과하는 경우
제20조 (손해배상)	3항 고객이 운송장에 운송물의 가액을 기재하지 않은 경우에는 사업자의 손해배상은 다음 각 호에 의합니다. 다만, 제 5조 제1항 제5호의 규정에 의한 손해배상한도액을 한도로 합니다.	3항 고객이 운송장에 운송물의 가액을 기재하지 않은 경우에는 사업자의 손해배상은 다음 각 호에 의합니다. 이 경우 손해배상한도액은 50만원으로 하되, 운송물의 가액에 따라 할증요금을 지급하는 경우의 손해배상한도액은 각 운송가액 구간별 운송물의 최고가액으로 합니다.
제23조 (책임의 특별소멸사유와 시효)	1항 운송물의 일부 멸실 또는 훼손에 대한 사업자의 손해배상책임은 수하인이 운송물을 수령한 날로부터 14일 이내에 그 일부 멸실 또는 훼손에 대한 사실을 사업자에게 통지하지 아니하면 소멸합니다.	1항 운송물의 일부 멸실 또는 훼손에 대한 사업자의 손해배상책임은 수하인이 운송물을 수령한 날로부터 14일 이내에 그 일부 멸실 또는 훼손에 대한 사실을 사업자에게 통지를 발송하지 아니하면 소멸합니다.

택배표준약관 전문 [제1장 총칙]

제 1 장 총 칙

제1조(목 적) 이 약관은 택배사업자와 고객 간의 공정한 택배거래를 위하여 그 계약조건을 정함을 목적으로 합니다.

제2조(용어의 정의)

① '택배'라 함은 소형·소량의 운송물을 고객의 주택, 사무실 또는 기타의 장소에서 수탁하여 수하인의 주택, 사무실 또는 기타의 장소까지 운송하여 인도하는 것을 말합니다.

② '택배사업자'(이하 '사업자'라 합니다)라 함은 택배를 영업으로 하는 자를 말합니다.

③ '고객'이라 함은 사업자에게 택배를 위탁하는 자로서 운송장에 송하인으로 기재되는 자를 말합니다.

④ '수하인'이라 함은 고객이 운송장에 운송물의 수령자로 지정하여 기재하는 자를 말합니다.

⑤ '운송장'이라 함은 사업자와 고객 간의 택배계약의 성립과 내용을 증명하기 위하여 사업자의 청구에 의하여 고객이 발행한 문서를 말합니다.

⑥'수탁'이라 함은 사업자가 택배를 위하여 고객으로부터 운송물을 수령하는 것을 말합니다.

⑦ '인도'라 함은 사업자가 수하인에게 운송장에 기재된 운송물을 넘겨주는 것을 말합니다.

⑧ '손해배상한도액'이라 함은 운송물의 멸실, 훼손 또는 연착시에 사업자가 손해를 배상할 수 있는 최고한도액을 말합니다. 다만, '손해배상한도액'은 고객이 운송장에 운송물의 가액을 기재하지 아니한 경우에 한하여 적용되며, 사업자는 손해배상한도액을 미리 이 약관의 별표로 제시하고 운송장에 기재합니다.

제3조 (약관의 명시 및 설명)

① 사업자는 이 약관을 사업장에 게시하며, 택배계약(이하 '계약'이라 합니다)을 체결하는 때에 고객의 요구가 있으면 이를 교부합니다.

② 사업자는 계약을 체결하는 때에 고객에게 다음 각 호의 사항을 설명합니다.

1. 고객이 운송장에 운송물의 가액을 기재하면 사업자의 손해배상시 그 가액이 손해배상액의 산정기준이 된다는 사항

2. 고객이 운송장에 운송물의 가액을 기재하지 아니하면 사업자의 손해배상시 제20조 제3항의 손해배상한도액 내에서만 손해배상을 한다는 사항

3. 운송물의 가액에 따라 할증요금이 있는 경우 운송요금에 따라 손해배상한도액에 차이가 있다는 사항

③ 사업자가 제1항 및 제2항의 규정에 위반하여 계약을 체결한 때에는 당해 약관규정을 계약의 내용으로 주장할 수 없습니다.

제4조(적용법규등) 이 약관에 규정되지 않은 사항에 대하여는 화물자동차운수사업법, 상법 등의 법규와 공정한 일반관습에 따릅니다.

택배표준약관 전문 [제2장 운송물의 수탁]

제5조(운송장)
① 사업자는 계약을 체결하는 때에 다음 각 호의 사항을 기재한 운송장을 마련하여 고객에게 교부합니다.
1. 사업자의 상호, 주소 및 전화번호, 담당자(집하자)이름
2. 운송물을 수탁한 당해 사업소(사업자의 본.지점, 출장소 등)의 상호, 주소 및 전화번호
3. 운송물의 중량 및 용적 구분
4. 운임 기타 운송에 관한 비용 및 지급방법
5. 손해배상한도액
※고객이 운송장에 운송물의 가액을 기재하지 아니하면 제20조 제3항에 따라 사업자가 손해배상을 할 경우 손해배상한도액은 50만원이 적용되고, 운송물의 가액에 따라 할증요금을 지급하는 경우에는 각 운송가액 구간별 최고가액이 적용됨을 명시해 놓을 것
6. 문의처 전화번호
7. 기타 운송에 관하여 필요한 사항
② 고객은 제1항의 규정에 의하여 교부받은 운송장에 다음 각 호의 사항을 기재하고 기명날인 또는 서명을 하여 이를 다시 사업자에게 교부합니다.
1. 송하인(고객)의 주소, 이름(또는 상호) 및 전화번호
2. 수하인의 주소, 이름(또는 상호) 및 전화번호
3. 운송물의 종류(품명), 수량 및 가액
※ 고객이 운송장에 운송물의 가액을 기재하면 사업자가 손해배상을 할 경우 이 가액이 손해배상액 산정의 기준이 된다는 점을 명시해 놓을 것
4. 운송물의 인도예정장소 및 인도예정일(특정 일시에 수하인이 사용할 운송물의 경우에는 그 사용목적, 특정 일시 및 인도예정일시를 기재함)
5. 운송상의 특별한 주의사항(훼손, 변질, 부패 등 운송물의 특성구분과 기타 필요한 사항을 기재함)
6. 운송장의 작성연월일

제6조(운임의 청구와 유치권)
① 사업자는 운송물을 수탁할 때 고객에게 운임을 청구할 수 있습니다. 다만, 고객과의 합의에 따라 운송물을 인도할 때 수하인에게 청구할 수도 있습니다.
② 제1항 단서의 경우 수하인이 운임을 지급하지 않는 때에는 사업자는 운송물을 유치할 수 있습니다.
③ 운송물이 포장당 50만원을 초과하거나 운송상 특별한 주의를 요하는 것일 때에는 사업자는 따로 할증요금을 청구할 수 있습니다.
④ 고객의 사유로 운송물을 돌려 보내거나, 도착지 주소지가 변경되는 경우, 사업자는 따로 추가 요금을 청구할 수 있습니다.
⑤ 운임 및 할증요금은 미리 이 약관의 별표로 제시하고 운송장에 기재합니다.

제7조(포장)
① 고객은 운송물을 그 성질, 중량, 용적 등에 따라 운송에 적합하도록 포장하여야 합니다.
② 사업자는 운송물의 포장이 운송에 적합하지 아니한 때에는 고객에게 필요한 포장을 하도록 청구하거나, 고객의 승낙을 얻어 운송중 발생될 수 있는 충격량을 고려하여 포장을 하여야 합니다. 다만, 이 과정에서 추가적인 포장 비용이 발생할 경우에는 사업자는 고객에게 추가요금을 청구할 수 있습니다.
③ 사업자는 제2항의 규정을 준수하지 아니하여 발생된 사고시 제 20조에 의해 고객에게 손해배상을 하여야 합니다.
④ 사업자가 운송물을 운반하는 도중 운송물의 포장이 훼손되어 재포장을 한 경우에는 지체없이 고객에게 그 사실을 알려야 합니다.

제8조(외부표시) 사업자는 운송물을 수탁한 후 그 포장의 외부에 운송물의 종류.수량, 운송상의 특별한 주의사항, 인도예정일(시) 등의 필요한 사항을 표시합니다.

제9조(운송물의 확인)
① 사업자는 운송장에 기재된 운송물의 종류와 수량에 관하여 고객의 동의를 얻어 그 참여 하에 이를 확인할 수 있습니다.
② 사업자가 제1항의 규정에 의하여 운송물을 확인한 경우에 운송물의 종류와 수량이 고객이 운송장에 기재한 것과 같은 때에는 사업자가 그로 인하여 발생한 비용 또는 손해를 부담하며, 다른 때에는 고객이 이를 부담합니다.

제10조 (운송물의 수탁거절) 사업자는 다음 각 호의 경우에 운송물의 수탁을 거절할 수 있습니다.
1. 고객이 운송장에 필요한 사항을 기재하지 아니한 경우
2. 고객이 제7조 제2항의 규정에 의한 청구나 승낙을 거절하여 운송에 적합한 포장이 되지 않은 경우
3. 고객이 제9조 제1항의 규정에 의한 확인을 거절하거나 운송물의 종류와 수량이 운송장에 기재된 것과 다른 경우
4. 운송물 1포장의 크기가 가로.세로.높이 세변의 합이 ( )cm를 초과하거나, 최장변이 ( )cm를 초과하는 경우
5. 운송물 1포장의 무게가 ( )kg를 초과하는 경우
6. 운송물 1포장의 가액이 300만원을 초과하는 경우
7. 운송물의 인도예정일(시)에 따른 운송이 불가능한 경우
8. 운송물이 화약류, 인화물질 등 위험한 물건인 경우
9. 운송물이 밀수품, 군수품, 부정임산물 등 위법한 물건인 경우
10. 운송물이 현금, 카드, 어음, 수표, 유가증권 등 현금화가 가능한 물건인 경우
11. 운송물이 재생불가능한 계약서, 원고, 서류 등인 경우
12. 운송물이 살아있는 동물, 동물사체 등인 경우
13. 운송이 법령, 사회질서 기타 선량한 풍속에 반하는 경우
14. 운송이 천재, 지변 기타 불가항력적인 사유로 불가능한 경우

택배표준약관 전문 [제3장 운송물의 인도, 제4장 운송물의 처분]

제11조(공동운송 또는 타운송수단의 이용) 사업자는 고객의 이익을 해치지 않는 범위 내에서 수탁한 운송물을 다른 운송사업자와 협정을 체결하여 공동으로 운송하거나 다른 운송사업자의 운송수단을 이용하여 운송할 수 있습니다.

제12조 (운송물의 인도일)

① 사업자는 다음 각 호의 인도예정일까지 운송물을 인도합니다.

1. 운송장에 인도예정일의 기재가 있는 경우에는 그 기재된 날
2. 운송장에 인도예정일의 기재가 없는 경우에는 운송장에 기재된 운송물의 수탁일로부터 인도예정장소에 따라 다음 일수에 해당하는 날

가. 일반 지역 : 2일

나. 도서, 산간벽지 : 3일

② 사업자는 수하인이 특정 일시에 사용할 운송물을 수탁한 경우에는 운송장에 기재된 인도예정일의 특정 시간까지 운송물을 인도합니다.

제13조(수하인 부재시의 조치)

① 사업자는 운송물의 인도시 수하인으로부터 인도확인을 받아야 하며, 수하인의 대리인에게 운송물을 인도하였을 경우에는 수하인에게 그 사실을 통지합니다.

② 사업자는 수하인의 부재로 인하여 운송물을 인도할 수 없는 경우에는 수하인에게 운송물을 인도하고자 한 일시, 사업자의 명칭, 문의할 전화번호, 기타 운송물의 인도에 필요한 사항을 기재한 서면('부재중 방문표')으로 통지한 후 사업소에 운송물을 보관합니다.

제14조 (인도할 수 없는 운송물의 처분)

① 사업자는 수하인을 확인할 수 없거나(수하인불명), 수하인이 운송물의 수령을 거절하거나(수령거절) 수령할 수 없는 경우(수령불능)에는, 운송물을 공탁하거나 제2항 내지 제4항의 규정에 의하여 경매할 수 있습니다.

② 사업자는 고객에게 1개월 이상의 기간을 정하여 그 기간 내에 운송물의 처분에 관한 지시가 없으면 경매한다는 뜻을 명시하여 지시를 최고합니다. 다만, 수하인의 수령거절 또는 수령불능의 경우에는 먼저 수하인에게 1주일 이상의 기간을 정하여 수령을 최고하고 그 기간 내에도 수령하지 않는 때에 고객에게 최고합니다.

③ 사업자는 제2항의 규정에 의한 고객에 대한 최고가 고객에게 도달된 것으로 확인되는 경우에는, 그 도달일로부터 최고에서 정한 기간 내에 지시가 없으면 운송물을 경매할 수 있습니다. 그러나 최고가 사업자의 과실없이 고객에게 도달된 것으로 확인될 수 없는 경우에는, 최고를 발송한 날로부터 3개월간 운송물을 보관한 후에 경매할 수 있습니다.

④ 사업자는 운송물이 멸실 또는 훼손될 염려가 있는 경우에는, 고객의 이익을 위해 수하인이나 고객에 대한 최고없이 즉시 경매할 수 있습니다.

⑤ 사업자가 운송물을 공탁 또는 경매한 때에는 지체없이 그 사실을 고객에게 통지합니다.

⑥ 제1항 내지 제5항의 규정에 의한 운송물의 공탁·경매·보관, 최고, 통지, 고객의 지시에 따른 운송물의 처분 등에 소요되는 비용은 고객의 부담으로 하며, 사업자는 운임이 지급되지 않은 경우에는 고객에게 운임을 청구할 수 있습니다.

⑦ 사업자는 운송물을 경매한 때에는 그 대금을 운송물의 경매·보관, 최고, 통지 등에 소요되는 비용과 운임(운임이 지급되지 않은 경우에 한함)에 충당하고, 부족한 때에는 고객에게 그 지급을 청구하며, 남는 때에는 고객에게 반환합니다. 이 경우 고객에게 반환해야 할 잔액을 고객이 수령하지 않거나 수령할 수 없는 때에는, 공탁에 과다한 비용이 소요되지 않는 한, 그 금액을 공탁합니다.

제15조 (고객의 처분청구권)

① 고객은 사업자에 대하여 운송의 중지, 운송물의 반환 기타의 처분을 청구할 수 있습니다.

② 사업자는 제1항의 규정에 의한 고객의 청구가 있는 때에는, 공동운송 또는 타운송수단의 이용등으로 인해 운송상 현저한 지장이 발생할 우려가 있는 경우를 제외하고는, 이에 응합니다. 이 경우에 이미 운송한 비율에 따른 운임과 운송물의 처분에 소요되는 비용은 고객의 부담으로 합니다.

③ 제1항의 규정에 의한 고객의 청구권은 수하인에게 운송물을 인도한 때에 소멸합니다.

택배표준약관 전문 [제5장 운송물의 사고]

제16조 (사고발생시의 조치)
① 사업자는 운송물의 수탁 후부터 인도 전까지 전부 멸실을 발견한 때에는 지체없이 그 사실을 고객에게 통지합니다.
② 사업자는 운송물의 수탁 후부터 인도 전까지 일부 멸실이나 현저한 훼손을 발견한 때 또는 인도예정일보다 현저하게 연착된다고 판단되는 때에는 지체없이 그 사실을 고객에게 통지하고, 일정 기간을 정하여 운송물의 처분에 관한 지시를 최고합니다.
③ 사업자는 제2항의 규정에 의한 고객의 지시를 기다릴 여유가 없는 경우 또는 사업자가 정한 기간 내에 지시가 없을 경우에는 고객의 이익을 위하여 운송의 중지, 운송물의 반환 기타의 필요한 처분을 할 수 있습니다. 이 경우 사업자는 지체없이 그 사실을 고객에게 통지합니다.
제17조 (사고증명서의 발행) 사업자는 운송 중에 발생한 운송물의 멸실, 훼손 또는 연착에 대하여 고객의 청구가 있으면 그 발생한 날로부터 1년에 한하여 사고증명서를 발행합니다.

택배표준약관 전문 [제6장 사업자의 책임]

제18조(책임의 시작) 운송물의 멸실, 훼손 또는 연착에 관한 사업자의 책임은 운송물을 고객으로부터 수탁한 때로부터 시작됩니다.

제19조(공동운송 또는 타운송수단 이용시 책임) 사업자가 다른 운송사업자와 협정을 체결하여 공동으로 운송하거나 다른 운송사업자의 운송수단을 이용하여 운송한 운송물이 멸실, 훼손 또는 연착되는 때에는, 이에 대한 책임은 사업자가 부담합니다.

제20조(손해배상)

① 사업자는 자기 또는 사용인 기타 운송을 위하여 사용한 자가 운송물의 수탁, 인도, 보관 및 운송에 관하여 주의를 태만히 하지 않았음을 증명하지 못하는 한, 제2항 내지 제4항의 규정에 의하여 고객에게 운송물의 멸실, 훼손 또는 연착으로 인한 손해를 배상합니다.

② 고객이 운송장에 운송물의 가액을 기재한 경우에는 사업자의 손해배상은 다음 각 호에 의합니다.

1. 전부 또는 일부 멸실된 때: 운송장에 기재된 운송물의 가액을 기준으로 산정한 손해액

2. 훼손된 때

가. 수선이 가능한 경우: 수선해 줌

나. 수선이 불가능한 경우: 제1호에 준함

3. 연착되고 일부 멸실 및 훼손되지 않은 때

가. 일반적인 경우: 인도예정일을 초과한 일수에 사업자가 운송장에 기재한 운임액(이하 '운송장기재운임액'이라 합니다)의 50%를 곱한 금액(초과일수×운송장기재운임액×50%). 다만, 운송장기재운임액의 200%를 한도로 함

나. 특정 일시에 사용할 운송물의 경우: 운송장기재운임액의 200%

4. 연착되고 일부 멸실 또는 훼손된 때: 제1호 또는 제2호에 준함

③ 고객이 운송장에 운송물의 가액을 기재하지 않은 경우에는 사업자의 손해배상은 다음 각호에 의합니다. 이 경우 손해배상한도액은 50만원으로 하되, 운송물의 가액에 따라 할증요금을 지급하는 경우의 손해배상한도액은 각 운송가액 구간별 운송물의 최고가액으로 합니다.

1. 전부 멸실된 때: 인도예정일의 인도예정장소에서의 운송물 가액을 기준으로 산정한 손해액

2. 일부 멸실된 때: 인도일의 인도장소에서의 운송물 가액을 기준으로 산정한 손해액

3. 훼손된 때

가. 수선이 가능한 경우: 수선해 줌

나. 수선이 불가능한 경우: 제2호에 준함

4. 연착되고 일부 멸실 및 훼손되지 않은 때: 제2항 제3호를 준용함

5. 연착되고 일부 멸실 또는 훼손된 때: 제2호 또는 제3호에 준하되, '인도일'을 '인도예정일'로 함

④ 운송물의 멸실, 훼손 또는 연착이 사업자 또는 그의 사용인의 고의 또는 중대한 과실로 인하여 발생한 때에는, 사업자는 제2항과 제3항의 규정에도 불구하고 모든 손해를 배상합니다.

제21조(사고발생시의 운임등의 환급과 청구)

① 운송물의 멸실, 현저한 훼손 또는 연착이 천재지변 기타 불가항력적인 사유 또는 고객의 책임없는 사유로 인한 것인 때에는, 사업자는 운임을 비롯하여 제16조 제1항 내지 제3항의 규정에 의한 통지.최고.운송물의 처분 등에 소용되는 비용을 청구하지 못합니다. 사업자가 이미 운임이나 비용을 받은 때에는 이를 환급합니다.

②운송물의 멸실, 현저한 훼손 또는 연착이 운송물의 성질이나 하자 또는 고객의 과실로 인한 것인 때에는, 사업자는 운임의 전액을 비롯하여 제16조 제1항 내지 제3항의 규정에 의한 통지.최고.운송물의 처분 등에 소용되는 비용을 청구할 수 있습니다.

제22조(사업자의 면책) 사업자는 천재지변 기타 불가항력적인 사유에 의하여 발생한 운송물의 멸실, 훼손 또는 연착에 대해서는 손해배상책임을 지지 아니합니다.

제23조 (책임의 특별소멸사유와 시효)

① 운송물의 일부 멸실 또는 훼손에 대한 사업자의 손해배상책임은 수하인이 운송물을 수령한 날로부터 14일 이내에 그 일부 멸실 또는 훼손에 대한 사실을 사업자에게 통지를 발송하지 아니하면 소멸합니다.

② 운송물의 일부멸실, 훼손 또는 연착에 대한 사업자의 손해배상책임은 수하인이 운송물을 수령한 날로부터 1년이 경과하면 소멸합니다. 다만, 운송물이 전부 멸실된 경우에는 그 인도예정일로부터 기산합니다.

③ 제1항과 제2항의 규정은 사업자 또는 그 사용인이 운송물의 일부 멸실 또는 훼손의 사실을 알면서 이를 숨기고 운송물을 인도한 경우에는 적용되지 아니합니다. 이 경우에는 사업자의 손해배상책임은 수하인이 운송물을 수령한 날로부터 5년간 존속합니다.

택배기사 근로여건 개선을 위한 종합대책(2011.7.7)

택배기사 근로여건 개선을 위한 종합 대책(2011. 7. 7)

(담당부처 : 국토해양부, 고용노동부, 공정거래위원회)

① 운송업체에 지입으로 소속된 택배기사에 대해 합리적이고 공정한 위수탁 계약 환경 마련

- 표준 지입계약사항(계약기간, 차량소유관계 등)을 법제화하고, 시.도에 분쟁조정협의회를 설치하여 지입 관련 분쟁 해결을 지원 계획
- 현재 표준계약사항 및 분쟁조정협의회 근거규정이 포함된 「화물자동차운수사업법 개정안」이 공포(11.6.15) → 하위법령 마련 추진

② 운송사에 소속된 택배기사의 밤샘(00:00 ~ 04:00)주차 허용구역에 '주차장' 을 추가로 포함

* 현행 : 차고지, 지자체 조례로 인정하는 시설 및 장소

③ 사업용 택배차량 부족문제를 화물시장 내 유휴 용달차량 거래를 통해 해소하기 위해 용달→택배 전환사업 추진

* 용달사업자가 자가용 택배기사에게 차량(사업권) 양도

** 차량구매 택배기사는 미소금융을 통해 구매비용 대출 가능

- 택배산업의 제도화 및 사업용 택배차량의 증차방안은 외국사례, 전문가 의견수렴 등을 통해 검토 예정

④ 택배기사를 보호하기 위해 산재보험 적용, 재해예방 「안전.보건 가이드」 개발.보급, 실업급여 적용 등 보호방안 마련

- 현재 본인이 보험료를 전액 부담하는 방식에서 사업주와 택배기사가 공동으로 부담(각 1/2씩 부담)하도록 산재보험 적용방안 마련
- 한편, 고용보험 실업급여 적용대상을 자영업자로 확대하여 택배기사에게 실업급여를 적용하는 방안 마련

⑤ 특정 고용주에게 고용된 택배기사에 대하여 실태조사.사업장 지도 등을 통해 고용.산재보험의 적용 독려

⑥ 택배회사의 불공정행위에 대한 감시 강화

- 공정거래위원회는 「특수형태 근로자 심사 지침」을 개정하여 택배기사를 특수형태 근로자에 포함시킬 계획임
- 동 지침에서 택배업계의 불공정거래행위 유형을 구체적으로 제시하여 택배회사의 불공정행위 예방과 동시에 위법성 심사의 기준으로 활용 예정

서신송달업 신고제도(2012.3.15)

서신송달업 신고 제도 시행 안내

○ 서신송달업 신고 제도

- 서신독점권 범위 완화에 따라 시장에 참여하는 사업자에게 개방된 범위에서 사업을 수행하도록 관리하고 이용자 보호 및 시장질서 유지를 위한 제도 (우편법 제2조의2)

○ 신고대상

- 중량이 350g을 넘거나 요금이 기본우편요금의 10배(2012년 3월 현재 2,700원)를 넘는 서신에 대하여 송달업 을 하려는 자

※ 신고처 : 관할 지방우정청 (신고 후 5일 이내 신고필증 발급)

○ 신고사항 (휴・폐업 신고 포함) - 사업운영 및 시설에 관한 사항, 수지계산서를 포함한 사업계획서를 첨부한 신고서 제출 - 다음의 자료에 대해 지방우정청장의 자료제출 요구 시 응해야 함 ① 서신의 취급물량, 매출액, 중량 및 요금 등 사업운영에 관한 사항 ② 영업소, 대리점 및 작업장 등 시설에 관한 사항 ③ 그 밖에 서신송달업자의 지도・지원을 위하여 필요한 사항

○ 신고하지 않은 경우 또는 자료제출 요구에 불응 시 ☞ 1천만원 이하의 과태료(우편법 제54조의2)

○ 시행일 : 2012. 3. 15.

○ 계도기간 : 시행일로부터 6개월

- 위반유형별 법적 규제 내용 -

위반행위		규제내용	근거법령
서신 송달을 위탁한 자 (발송인)		50만원 이하의 과태료	우편법 제54조의2(과태료)
서신을 송달한 자(민간 송달업자)	신고미이행	1천만원 이하의 벌금	우편법 제2조의2(서신송달업자의 신고 등)우편법 제54조의2(과태료)
	법 제2조의2제3항을 위반하여 자료제출 요구에 따르지 않은 자	1천만원 이하의 벌금	우편법 제2조의2(서신송달업자의 신고 등)우편법 제54조의2(과태료)
	법 제2조2항 및 제3항을 위반하여 서신독점권을 침해한 자	3년 이하의 징역 또는 1천만원 이하의 벌금	우편법 제46조(사업독점권 침해의 죄)
우체국 요금납부(별,후납)표시인과 동일한 인명을 부정사용		10년 이하의 징역	형법 제218조(인지, 우표의 위조 등)
		3년 이하의 징역 또는 3천만원 이하의 벌금	부정경쟁방지 및 영업비밀 보호에 관한 법률 제18조(벌칙)

사업용 택배차량 공급을 위한 화물자동차운수사업법 시행규칙 개정 및 시행 (2012.12.7)

화물자동차 운수사업법 시행규칙 일부개정령안

화물자동차 운수사업법 시행규칙 일부를 다음과 같이 개정한다.
제6조에 제3항을 다음과 같이 신설한다.
③ 운송사업자의 일관책임 하에 화물을 집화.분류.배송하는 형태의 운송사업(이하 "택배"라 한다)과 관련하여 화물의 집화 및 배송만을 담당하고자 개별화물자동차 운송사업 또는 용달화물자동차 운송사업(소유 대수가 1대인 경우만 해당한다) 허가를 신청하는 자는 종전의 화물운송실적 등 국토해양부장관이 정하여 고시하는 서류를 추가로 제출하여야 한다.

제21조에 제19호를 다음과 같이 신설한다.
19. 제6조제3항에 따라 허가를 받은 개별화물자동차 운송사업자 및 용달화물자동차 운송사업자는 택배 이외의 운송사업을 하지 말 것
제23조제4항 단서를 삭제하고, 같은 조 제5항을 제6항으로 하며, 같은 조에 제5항을 다음과 같이 신설하고, 제6항(종전의 제5항) 각 호 외의 부분 중 "제4항에도"를 "제4항 및 제5항 본문에도"로 하며, "제4항에 따른"을 "제4항 및 제5항 본문에 따른"으로 한다.
⑤ 제4항에도 불구하고 개별화물자동차 운송사업자 및 용달화물자동차 운송사업자(소유 대수가 1대인 경우만 해당한다. 이하 이 조에서 같다)는 법 제16조제1항 및 제3항에 따라 화물자동차 운송사업의 양도.양수를 위하여는 제4항 각 호의 구분에 따른 날부터 6개월의 기간이 지나야 한다. 다만, 제6조제3항에 따라 허가를 받은 개별화물자동차 운송사업자 및 용달화물자동차 운송사업자는 3년의 기간이 지나야 하고, 3년의 기간이 지난 후에는 택배에 참여하는 자 또는 참여하고자 하는 자에게 한하여 양도할 수 있다.

제41조 전단 중 "제4항 및 제5항은 제외한다"를 "제4항부터 제6항까지는 제외한다"로 한다.
제41조의11 전단 중 "제4항 및 제5항은 운송가맹사업자가 화물자동차를 직접 소유한 경우만 해당한다"를 "제4항, 제5항 본문 및 제6항은 운송가맹사업자가 화물자동차를 직접 소유한 경우만 해당하며, 제5항 단서는 제외한다"로 한다.

제52조의2에 제8호를 다음과 같이 신설한다.
8. 제6조제3항에 따라 개별화물자동차 운송사업 또는 용달화물자동차 운송사업(소유 대수가 1대인 경우만 해당한다) 허가를 받으려는 자의 차량.

별표 2 제19호란을 다음과 같이 신설한다.

19. 제6조제3항에 따라 허가를 받은 개별화물자동차 운송사업자 및 용달화물자동차 운송사업자가 택배 이외의 운송사업을 한 경우	제21조제19호	○ 허가취소

부칙

제1조(시행일) 이 규칙은 공포한 날부터 시행한다.
제2조(적용례) ① 제23조제5항 단서의 개정규정은 제6조제3항에 따라 허가를 받은 개별화물자동차 운송사업자 및 용달화물자동차 운송사업자가 이 규칙 시행 후 최초로 화물자동차 운송사업을 양도.양수하는 것부터 적용한다.
② 제52조의2제8호의 개정규정은 이 규칙 시행 후 최초로 화물자동차를 충당하는 것부터 적용한다.

화물의 집화·배송 관련 화물자동차 운송사업 공급기준 및 허가 요령

[국토교통부고시 제2012-898호, 2012.12.12, 제정/시행]

제1조(목적) 이 고시는 「화물자동차 운수사업법」 제3조제5항제1호, 같은 법 시행규칙 제6조제3항 및 별표 1에 따라 화물을 집화·분류·배송하는 형태의 운송사업과 관련한 허가절차, 허가 후 관리 등 공급기준의 세부내용과 화물의 집화·배송만을 담당하기 위해 허가를 신청하는 자의 추가제출 서류 및 화물자동차 운송사업자가 화물을 집화·분류·배송하는 형태의 운송사업을 경영하기 위하여 갖추어야 할 기준 등을 정함을 목적으로 한다.

제2조(적용범위) 이 고시는 「화물자동차 운수사업법 시행규칙」 (이하 "시행규칙"이라 한다) 제6조제3항에서 정한 바에 따라 개별화물자동차 운송사업 또는 용달화물자동차 운송사업(소유대수가 1대인 경우에 한한다. 이하 같다) 허가를 신청하는 경우에 적용한다.

제3조(시설 및 장비기준) ① 시행규칙 별표 1에서 "국토교통부장관이 고시하는 시설 및 장비기준"이란 별표 1과 같다.

② 국토교통부장관은 제1항에서 정하는 기준을 충족하고 있는 화물자동차 운송사업자와 제1항에서 정하는 기준을 충족하지 못하게 된 화물자동차 운송사업자를 별도로 공고할 수 있다.

제4조(제출서류) ① 시행규칙 제6조제3항에서 "국토교통부장관이 정하여 고시하는 서류"란 다음 각 호와 같다.

1. 2012년도 공급기준 고시일 이전부터 이 고시에 따른 허가 신청일까지 화물을 집화·분류·배송하는 형태의 운송사업을 하는 화물자동차 운송사업자(제3조제2항에 따른 시설 및 장비기준을 충족하는 운송사업자를 말한다. 이하 같다)에게 소속되기 위한 계약을 통하여 화물의 집화·배송만(이하 "집화등"이라 한다)을 담당하고 있음을 증명하는 서류(화물을 집화·분류·배송하는 형태의 운송사업을 하는 화물자동차 운송사업자의 확인 증명 필요)

2. 「자동차관리법 시행규칙」별표 1 제2호에 따른 최대적재량 1.5톤 미만의 밴형 화물자동차(일반형·특수용도형 화물자동차 중 탑장착 화물자동차를 포함한다. 이하 같다.)를 사용하여 집화등을 담당한 기간 및 연도별·월별 운송실적을 증명하는 서류(부가가치세 과세표준증명원 또는 수수료 입금 내역이 기재된 통장사본 등을 말하며 화물을 집화·분류·배송하는 형태의 운송사업을 하는 화물자동차 운송사업자의 확인 증명 필요)

3. 교통사고 경력을 증명하는 서류(경찰관서에서 발행하는 운전경력증명서를 말한다)

4. 사업용 화물자동차를 이용하여 집화등 이외의 화물운송사업 분야에 종사한 경력이 있는 경우 그 경력을 증명하는 서류

5. 이 고시에 따른 허가 신청일 당시 장래 운송물량 확보를 증명하는 서류(화물을 집화·분류·배송하는 형태의 운송사업을 하는 화물자동차 운송사업자와의 운송물량 계약서). 다만, 해당 서류의제출이 가능한 자에 한함.

② 제1항에 따른 서류의 제출은 화물을 집화·분류·배송하는 형태의 운송사업을 하는 화물자동차 운송사업자로 하여금 대리하게 할 수 있다.

제5조(허가 절차) ① 관할관청은 허가를 받고자 하는 자가 제4조제1항에 따라 제출한 서류를 토대로 별표 2에 따라 계산한 점수를 반영하여 높은 점수를 취득한 자부터 시행규칙 제7조에 따른 허가절차를 거쳐 허가한다.

② 관할관청은 자가용 운전자로서 2012년도 공급기준 고시일 이전 2년 이내에 집화등을 담당하던 화물자동차 운송사업을 양도한 자에게는 허가하지 않는다.

③ 관할관청은 제1항 및 제2항의 허가절차를 수행하는데 있어 국토교통부장관과 미리 협의할 수 있다.

제6조(허가에 수반되는 사항) ① 국토교통부장관은 위·수탁차주가 허가를 받기 위해 화물자동차 운송사업자와 위·수탁계약을 해지한 후 발생한 공(空)허가대수(T/E)에 허가를 받으려는 자를 대신하여 화물자동차를 충당할 자가용 운전자를 확보하기 위해 화물을 집화·분류·배송하는 형태의 운송사업을 하는 화물자동차 운송사업자와 함께 노력하여야 한다.

② 국토교통부장관은 제1항에 따라 공(空)허가대수(T/E)에 허가를 받으려는 자를 대신하여 화물자동차를 충당할 자가용 운전자가 확보되지 못한 경우 허가 대수를 조정할 수 있다.

③ 국토교통부장관은 이 고시에 따라 허가를 받은 자에 대하여 법 제43조제2항에 따른 보조금의 지급을 제한할 수 있다.

제7조(허가 후 관리 등) ① 화물을 집화·분류·배송하는 형태의 운송사업을 하는 화물자동차 운송사업자는 집화등을 담당하기 위해 허가를 받은 자와 계약을 체결한 후 운송업무 및 수수료 지급 등 관련 사항을 영업소로 하여금 관리하게 할 수 있다.

② 각 운송사업 종류별 연합회는 「화물자동차 운수사업법 시행령」 제15조제2항제1호에 따른 사업자 준수사항에 대한 계도활동을 위해 이 고시에 따라 허가를 받은 자가 실제 운송사업에 종사하고 있는지 여부, 허가 받은 목적으로 운송사업을 하고 있는 지 여부 및 부정한 방법으로 허가를 양도하였는지 여부 등을 주기적으로 확인할 수 있다.

③ 이 고시에 따라 허가를 받은 자는 제2항에 따른 확인에 성실히 응하여야 한다.

④ 「물류정책기본법」 제55조제2항에 따라 국토교통부장관의 설립인가를 받은 한국통합물류협회는 화물을 집화·분류·배송하는 형태의 운송사업을 하는 운송사업자와 이 고시에 따라 허가를 받은 자가 체결한 운송계약 현황 및 계약해지 현황 등을 관리한다.

제8조(재검토 기한) 「훈령·예규 등의 발령 및 관리에 관한 규정」(대통령훈령 제248호)에 따라 이 고시를 발령한 후의 법령이나 현실 여건의 변화 등을 검토하여 이 고시의 개정 등의 조치를 하여야 하는 기한은 2016년 1월 31일까지로 한다.

부칙 <제2012-898호, 2012.12.12>

화물을 집화.분류.배송하는 형태의 화물자동차 운송사업자 신청 공고

국토해양부 공고 제2012 - 1525호

화물을 집화.분류.배송하는 형태의 운송사업자 신청 공고

「화물의 집화.배송 관련 화물자동차 운송사업 공급기준 및 허가 요령(국토해양부 고시 제2012-898호)」 제3조제1항에 따른 화물을 집화.분류.배송하는 형태의 운송사업자 시설 및 장비기준 충족 여부 확인 및「2012년도 화물자동차 운수사업 공급기준 고시(국토해양부 고시 제2012-192호)」에 따른 허가대수 산정을 위한 관계 서류의 제출기한, 제출방법, 구체적 서류내용 등을 다음과 같이 공고합니다.

2012. 12. 12 .

국토해양부장관

1. 제출기한 : 공고일로부터 2012. 12. 31(월) 18:00 까지

※ 다만, 2. 제출서류 ② 신규 허가대수 산정 관련 서류는 '13.1.4(금) 18:00 까지 제출

2. 제출서류 : 붙임 참조

① '화물을 집화.분류.배송하는 형태의 운송사업자'신청을 위한 제출서류

② 신규 허가대수 산정 관련 제출서류

3. 제출처 : 국토해양부 물류산업과 '택배용 화물자동차 신규 공급 TF팀'

☞ 경기도 과천시 관문로 47번지 정부과천청사 4동(☎ 02-2110-8525)

☞ ('12.12.17 이후) 경기도 안산시 단원구 화랑로 376번지 교통안전공단내 (☎ 031-362-3618)

국토부, 화물운송시장 발전방안(2016.8)

업종개편의 핵심사항

- ✓ 운송업 명칭 : 일반/개별/운송업 → 개인/법인
- ✓ 법인운송업 최소 보유대수 : 1대 → 20대
- ✓ 주선업 : 일반/이사 주선업 → 1개 주선업으로 통합
- ✓ 가맹사업 → (가칭)물류네트워크사업

진입규제 개선 사항

- ✓ 법인 소형화물차(1.5톤)의 수급조절 폐지 및 신규허가 허용
- ✓ 신규허가 차량의 직영 의무(20대 이상), 양도 금지, 톤급 상향 금지 등
- ✓ 가맹사업 자본금 10억원 기준 폐지

지입제 개선 방안

- ✓ 신규사업자 허가 전제 : 직영(업체의 4대보험 납부), 양도 제한
- ✓ 지입차주 재산권 보호를 위해 운송사업자의 영업 근거지 변경 최소화
- ✓ 지입차주 동의서 유효기간 신고일 기준 1개월 이내로 한정
- ✓ 전체 50% 이상 직영차량 운영 시 최소, 직접운송, 실적신고의무 면제

개편되는 물류 운송업종 구분

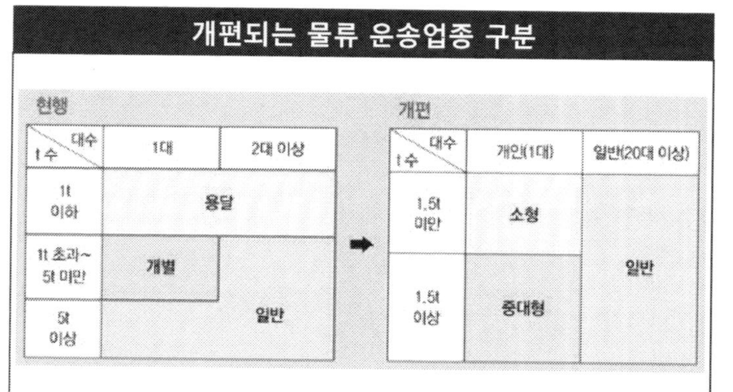

www.molit.go.kr/USR/NEWS/m_71/dtl.jsp?id=95077955

진입규제 완화 대상

톤수 \ 업종	개인	일반
1.5톤 미만	택배용 차량 ('배' 번호판)	직영
1.5톤 이상		

자료: 국토부 보도자료

국토부, 택배서비스 발전방안(2017.11.28)

택배 종사자 보호

- ✓ 택배기사 표준계약서 마련
- ✓ 택배기사 산재보험 가입 확대
- ✓ 택배주정차 허용구간 확대
- ✓ 노동력 저감기술 개발
- ✓ 택배요금 신고제 도입

소비자 만족도 제고

- ✓ 소비자 피해예방 및 구제 강화
- ✓ 1인 가구 무인택배함 무상설치
- ✓ 택배업체 서비스 평가 실시
- ✓ 콜센터 운영 권장

산업의 혁신 성장

- ✓ 택배차량 신규허가 등 화물시장 진입규제 완화
- ✓ 실버택배, 드론택배 등 지원확대

www.molit.go.kr/USR/NEWS/m_71/dtl.jsp?id=95079985

택배서비스 발전방안 주요 내용

저자 소개

임 종 석 (ljk3477@hanmail.net)

■ **주요 학력 :**
한국해양대 해운경영학과(경영학사)
한국해양대 대학원(해상보험 및 무역전공, 경영학석사)
한국해양대 대학원(해운경영전공, 경영학박사)
부산대 대학원(경제학 석사)

■ **주요 경력 :**
특수전문요원(석사장교), 해무사
한국국선원선박문제연구소, 한국해상교통정책연구소 연구위원
전국화물자동차운송사업연합회(공제조합) 연구위원
물류신문사 물류산업연구원장
한중일 수송포장가이드라인 제정 전문위원
성결대학교 동아시아물류학부 교수(현)
한국물류정책연구원장, 화물운송연구포럼회장, 한국녹색물류학회장(현)
국토교통부 NGO정책자문위원(현), EBS 화물운송론 저자 및 강사(현)
APEC 교통실무자그룹회의 참석(2002-04), WTO 물류서비스 협상 참석(2005)
KBS 역사스페셜(2005.3) 등 방송 출연

■ **주요 저서 :**
한국해운사(편저), 조선의 해운경제, 화물운송론(EBS교재)
화물자동차운송사업의 선진화와 운임제도
화물자동차운송시장의 진입제도 개선방안
화물자동차운수시장의 실태와 제도개선
녹색물류활동 Best Practice(공저)

■ **주요 수상 :**
1985 부산직할시 교육감상

1996 한국항해항만학회 우수논문상
2001 부산대학교 학술상
2007 대한민국 물류대상 건설교통부장관 표창
2008 한국물류학회 공로상
2011 국토해양부장관 표창
2013 해양수산부장관 표창
2017 한국물류학회 학술상

박 찬 익 (ramchan@empal.com)

■ **주요 학력 :**
일본 와세다대 대학원 졸(도시계획학)
일본 주오대 대학원 졸 (교통물류계획)

■ **주요 경력 :**
한진물류연구원 수석연구원 (현)
대한상의 물류위원회 실무위원(현)
국토해양부 녹색물류협의체 녹색물류산업분과위원
서울시 물류정책위원회 위원

■ **주요 저서 :**
전략적 물류경영, 3PL 비즈니스와 로지스틱스(역), 중국물류의 기초지식(역), Value Chain 진화론(역)
슈트 할당 최적화를 통한 택배자동분류기 처리능력 향상에 관한 연구, 한국물류기술학회(2013)
국내 택배산업의 법제도 문제점 및 개선방향, 한국SCM학회(2013)
택배산업의 네트워크 최적화에 관한 연구, 한국교통학회(2012)
3PL 핵심성공요인이 화주의 3PL 서비스 만족에 미치는 영향, 한국물류학회지(2007)
SP기업을 이용한 철도물류서비스의 고객 선호도 분석, 한국철도학회지(2005)

■ **주요 수상 :**
2006 건설교통부장관 표창
2009 국토해양부장관 표창

택배시장 동향 및 전망

정가 10,000원

2018년 2월 23일 인쇄
2018년 2월 28일 발행

공 저 : 박 찬 익 · 임 종 석
발행인 : 박 중 열
발행처 : 다 솜 출 판 사
인쇄처 : 효 성 문 화 사

등록번호 : 1994년 4월 22일 제2001-000001호
부산광역시 중구 대청로 135번길 10-1
TEL : (051)462-7207/8 FAX : (051)465-0646

ISBN 978-89-5562-584-4 93300